普通の高校生でも毎日50分の
練習で140㎞／hを投げられる

革新的
投球パフォーマンス

誠

日本文芸社

CONTENTS

普通の高校生でも毎日50分の練習で140km/hを投げられる

革新的投球パフォーマンス

BONUS TRACK !

本書内で紹介しているトレーニングメニューは「Mac's Trainer Room野球トレーニング専門チャンネル」内の動画で確認することができます（※詳細は各PART扉ページをご参照ください）が、本書読者限定でbonus trackもご用意しています。是非、ご覧ください！

はじめに

〝特別な才能〟がなくても、「１４０㎞／ｈ」は投げられる

日米のプロ野球で近年、投手の球速が上がり続けています。メジャーリーグ（ＭＬＢ）では２０２０年、平均球速１４９・３㎞／ｈに到達。一方、同年のＮＰＢは平均約１４４㎞／ｈです。

高校生の甲子園大会を見ても、球速１４０㎞／ｈ台の投手は決して珍しくありません。２０１９年夏の大会では計44投手が１４０㎞／ｈ以上を計測しました。

では果たして、１４０㎞／ｈを投げられるのはプロに進めるような投手や、甲子園に出られるくらい〝特別な才能〟を持ったピッチャーだけなのでしょうか。

決してそんなことはありません。私がそう考えるのは、２０１４年からトレーナー

として関わっている私立武田高校の選手たちの成長を目の当たりにしているからです。
広島県にある武田高校は進学校で、学校の方針として勉強優先、さらにスクールバスの関係もあって平日放課後の練習時間は50分に限られます（準備や後片付けを除くと、36分程度です）。その中で選手たちを伸ばすため、多くの時間を費やしているのがトレーニングです。

独自のアプローチが身を結び、２０１９年にはオリックス・バファローズから谷岡楓太投手が育成ドラフト2位で指名されました。２００７年に野球部が創部されて以来、同校初のプロ選手です。チームとしても徐々に力を伸ばし、２０２０年夏には広島県独自大会でベスト４に進出しました。

強豪私学や伝統高と異なり、武田に入学してくるのはいわゆる〝普通の子〟たちです。谷岡投手の場合、中学時代は軟式クラブチームで4番手のピッチャー。高校入学時の球速は１２５㎞／ｈでしたが、卒業時には１５２㎞／ｈを記録するまでになりました。

谷岡投手だけではありません。２０１７年からの5年間で、１４０㎞／ｈ以上を計測した投手が11人います。武田では全投手が球速アップを果たし、高校から野球を始めた選手が86㎞／ｈから１１８㎞／ｈに成長したケースもありました。

なぜ、〝普通の子〟たちが高校生活2年半の間に、平日放課後50分の練習でこれほど成長できるのでしょうか。その答えは、日本で〝野球の基本〟と言われてきた考え方に捉われず、合理的な取り組みを行っているからです。

本書を手にしていただいた皆さんの中にも、いわゆる〝野球の基本〟と言われる指導を受けてきた方が少なくないと想像します。例えば守備でゴロをさばく際、「両手で捕り、素早く握り変えて、軸足に乗り、相手の胸に投げなさい」というものです。バッティングも同様で、「軸足に乗り、上からたたけ」という教えが日本では伝統的に行われてきました。

私自身、広島商業高校時代にこうした指導を受けました。広島商業は県内きっての伝統高で、特に求められたのが練習量。基礎の反復練習が重視され、守備では「両手で捕りなさい」、打撃では「上からたたきなさい」と教えられました。

中学時代の私は４番を任され、そこそこ自信を持って高校の野球部に入りました。ところが指導者の指示を聞いて練習すればするほど、動きにくくなっていきます。自分自身で「どんどん下手になっているな」と感じるほどでした。「バットをたくさん振れ」と言われ、真面目に素振りを繰り返しているのに飛距離は出なくなっていきます。

今になって振り返れば、中学時代は自分自身が動きやすいように動いていた一方、高校で教えられた〝野球の基本〟が合わなかったという話です。そうしてパフォーマンスが落ちた挙げ句、高校1年冬に手首をケガしました。

重いバットを上からたたくように振れば、手首をこねてしまうからＴＦＣＣ（三角線維軟骨複合体）が潰れてしまいます。トレーナーになって知識を得た今ならケガするのも当たり前とわかりますが、高校生だった当時はそんなことを知るよしもありませんでした……。

このケガが致命傷となり、選手として続けるのは無理だろうと思って卒業後は鍼灸の専門学校に進みました。自分がケガで選手としてあきらめたので、そういうことを起こさせないようなポジションに行きたいと考えたのです。現在のようにＳ＆Ｃ（ストレングス＆コンディショニング）やＡＴ（アスレチックトレーナー）などトレーナーの役割が明確に細分化されておらず、〝針を打つ人〟というイメージでした。

専門学校を卒業後、オリックスでトレーナーとして働き始めました。プロの世界でも〝野球の基本〟が重視されていて、それが合わない選手もいるように感じました。

いわゆる〝野球の基本〟とされるものは、万人に合うわけではないのだろうか――。
そんな考えを強くしたのは、オリックスに入って3年目の２００２年オフ、アリゾナ・フォールリーグに交換留学で行かせてもらった時のことです。アメリカでは型にはまらず、自由な動きをパフォーマンスにつなげている選手が多くいました。のちに本塁打、打点の二冠王となるマーク・テシェイラ選手（元ニューヨーク・ヤンキース）や、ゴールド・グラブ賞に４度輝くシェーン・ビクトリーノ選手（元ボストン・レッドソックス）などで、彼らはトレーニングを熱心に行っていたことをよく覚えています。

アメリカの野球をもっと深く知りたくなり、２００５年に渡米してワシントン・ナショナルズでインターンとして働き始めました（２００７年に正式契約）。野球界の頂点とされるメジャーリーグでは、選手たちは自分の体に合った動き方をしていて、動き自体も洗練されています。「こういう発想もあるのか」と、発見の連続でした。

日本ではよく「メジャー独特の動き」という表現が使われますが、その大部分は「前足を使いやすい」選手の動き方です。日本の〝野球の基本〟では「軸足に乗れ」と言われますが、アメリカでは必ずしもそうした指導をされるわけではありません。自分自身が動きやすいように動いているから、後ろ足（軸足）より前足を使いやすい選手がメジャーには多くいるのだと思います。

前足を使いやすい選手の代表格が、往年の大投手ノーラン・ライアン（元テキサス・レンジャーズ）。１６０㎞／ｈを超える速球派で、左足を高く上げたフォームが特徴です。現在でもロサンゼルス・ドジャースのウォーカー・ビューラー投手やダスティン・メイ投手など、そうしたタイプは数多くいます。

前足と後ろ足のどちらが使いやすいかは、人それぞれです。〝野球の基本〟が合うのは後ろ足が使いやすい人で、前足が使いやすい人には向きません。後者が軸足に乗ろうとすると、逆に投げにくくなります（私がこのタイプです）。

私が自主トレを担当しているオリックスの山岡泰輔投手は、前足を使うのが得意なタイプです。山岡投手は１７２㎝、68㎏とプロ野球選手としては小柄の部類にもかかわらず、最速１５２㎞／ｈのストレートを投げられるのは〝野球の基本〟に捉われず、自分に合った身体の使い方をしているからです。

山岡投手は垂直跳びで80㎝以上跳ぶような身体のバネを誇る一方、トレーニングを効果的に行うことで、高い投球パフォーマンスにつなげています。私は山岡投手を高校時代からトレーナーとして見ていますが、恵まれた能力を合理的な方法で伸ばし、継続的に努力する才能があるから侍ジャパンに選ばれるほど飛躍できたのだと思います。

　山岡投手が恵まれたバネを誇るのは事実ですが、自分に合った体の使い方をトレーニングで伸ばしていけば、〝普通の子〟でも１４０㎞／ｈを投げることは可能です。それを証明しているのが、武田高校の選手たちです。

　同校野球部の岡嵜雄介監督は私にとって広島商業の2年後輩で、武田からコーチ就任の要請を受けた際、「練習時間が夕方に50分しかとれないけど、どう思いますか」と相談をもらいました。

「俺らの高校時代は〝無駄〟な練習が多かった。そうしたメニューを全部省いたら、むしろ50分の方が身になる練習をできるんじゃない？　どういう練習が効果的でないかを全部洗い出し、何をした方がいいのか構築していこう」

　日本では走り込み、投げ込み、振り込みという練習が伝統的に行われていますが、果たしてどれだけリターンがあるのか。例えば走り込んで痩せると、痩せた筋肉を取り戻すのに時間がかかります。それでは無駄どころか、マイナスの練習になりかねません。

野球の競技特性を考えると、重要なのは瞬発力です。そこで武田では毎日36分のメニューの中で、ウエイト、瞬発系、身体操作系のトレーニングを行い、瞬発力を高められるように取り組んでいます。

50分の練習時間と聞くと、短く感じるかもしれません。だからこそ重要なのは、いかに全力を出し切れるかです。

小中学校で長時間練習が当たり前のように行われている影響か、武田に入ってきた選手たちはまず時間軸に迷います。50分の中で全力を出し切ることは、最初は簡単ではありません。

こちらとしては50分で限界を迎えるメニューを組むので、選手たちは「疲れた」と口にしますが、それは「疲れた」と言えるだけの余裕を残しているということ。対して谷岡投手は、「もう動けません」と倒れ込んでいました。

自分ではトレーニングを一生懸命やっているつもりでも、メニューの意図通りにやり切れない選手もいます。もちろん、サボる選手もいる。それでは当然、パフォーマンスをアップさせることはできません。

大事なのは〝頭の整理〟です。自分の長所や短所、課題を理解し、どんな狙いで各メニューを行うかがわかれば、トレーニングの質が変わってきます。そうすれば、50分の密度を高められる。こうした点で個々に大きな違いが出るので、入学当初は同レベルでも、1年後には球速10㎞／ｈの差がつくケースも珍しくありません。

50分という練習時間は決して長くないので、消耗せず、現状よりレベルが落ちることはないというメリットがあります。ただし、しっかり取り組まなければ、現状より上がることもありません。どちらになるかは、取り組む選手の意識次第。毎日50分の練習を真剣に行えば、確かな上がり幅があることは武田高校の選手たちが実証しています。

毎日50分の練習時間なら、働きながら週末に草野球を楽しむビジネスパーソンでも何とか確保できると思います。本書で紹介するトレーニングをやってもらえば、今からでもパフォーマンスアップは可能です。

トレーニングで重要なのは、意図を明確にして取り組むこと。例えば同じウエイトトレーニングを行う場合でも、ボディビルダーのように筋肥大を目的とする人と、野球のパフォーマンスアップにつなげたい人では意識すべき点が変わります。これを誤った方法で行うと、野球のパフォーマンスアップに結びつかない場合もあります。

本書で紹介するトレーニングは野球選手のレベルアップを目的としたものです。すべてのメニューはピッチングのパフォーマンスアップが目的で、意識してほしい点も明記しました。そこに気をつけて継続的に行ってもらえば、効果を実感してもらえるでしょう。

野球の経験者なら理解していただけると思いますが、野球は非常に準備が必要で、〝ややこしい〟スポーツです。しかし他の競技と比べ、準備がしっかりなされていない部分も否めません。

例えばバレリーナの場合、一定の高さまで足が上がるようにならなければ、発表会に出してもらえません。バレリーナとして土台作りを繰り返し、初めてステージに立つことができます。

対して野球選手の場合、基礎を身につける前から試合に出してもらえます。小さな子どもでも手軽に始められるのは野球のいいところですが、選手として土台ができていないために思うようなパフォーマンスを発揮できなかったり、最悪の場合はケガにつながったりすることもあります。

過去を振り返ると、プロ野球や甲子園のレベルに到達できた選手の多くは、たまたま生まれながら才能を授かり、高いパフォーマンスを発揮できた人たちでした。しかし子どもの野球人口が減少している昨今、一人ひとりを着実に伸ばしていくことが不可欠です。

その上で明るい材料としては、トレーニングやスポーツ科学、テクノロジーが発展し、どうすれば野球選手としてレベルアップできるか、かなり解明されてきました。本書では野球のパフォーマンスアップにつなげるトレーニングメニューを始め、どのようにメニューを組んでいけば〝普通の子〟が１４０㎞／ｈを投げられるようになるか、武田高校の実例を交えながら紹介していきます。

毎日50分、目的と意図を持って継続的にトレーニングに取り組めば、球速アップを果たすだけでなく、球質を高めることは誰にでも可能です。その根幹となるのが、正しい方法で行うトレーニングです。

これまでの常識に捉われず、合理的なアプローチで一緒に高みを目指していきましょう。

PART 1

自分の身体の使い方を知ろう

～8つに分けられる投手のタイプ～

この章で紹介するトレーニングは、
「Mac's Trainer Room野球トレーニング専門チャンネル」内の
動画で確認することができます。

自分の「パフォーマンスライン」を知ろう

投手として高いパフォーマンスを発揮するために重要なのは、自分にはどういう身体の使い方が合っているかを知ることです（打者も同じです）。それを「パフォーマンスを発揮するために必要なライン分け」という意味で、「パフォーマンスライン」と名づけました。

パフォーマンスラインは8タイプに分かれます。自分にとって使いやすいのは「右足・左足」「右手・左手」「腹筋・背筋」のどちらか。この掛け合わせで8タイプに分類されます。

本書の「はじめに」でも書きましたが、〝野球の基本〟は全員に当てはまるわけではありません。後ろ足・後ろ手が得意なタイプ、つまり右投げなら右足・右手が使いやすい人、あるいは左投げなら左足・左手が使いやすい人の場合、「軸足に乗って力をためる」という投げ方は合いやすいと思います。ところが前足（右投げなら左足、左投げなら右足）が使いやすい人の場合、軸足に乗って力をためようとすると、得意な前足の動きが殺されてしまいます。

　本書のモデルを務めている赤沼淳平投手がまさにこのタイプでした。右投げで「左足・左手・腹筋」が使いやすい彼は、捕手だった中学時代は自分にとって投げやすいような動きで投げていました。しかし高校から投手になり、実用書の影響で軸足に体重を乗せることを意識するようになると、球の質が落ちていったそうです。

　私は赤沼投手の大学時代に出会いましたが、見るからに投げにくそうで、右肘に負担がかかるようなフォームでした。そこで「左足を使って投げてみては?」とアドバイスすると球の質がよくなっていき、最速１５０㎞／ｈを超えるようになりました。赤沼投手は現在、アメリカの独立リーグ球団に所属し、メジャーリーグとの契約を目指しています。

　赤沼投手のように前足が使いやすい人の場合、「軸足に乗る」というより、「前足を上げる」「前足から出ていく」という使い方の方が投げやすくなります。どちらも「左足を上げる」という動作自体は一緒ですが、意識を変えるだけでスムーズに動けるようになります（送りバントの場合が顕著で、どちらの足が得意かで、動作を変える必要があります。詳しくはＰ20で後述します）。

指導者の方々に知っていただきたいのは、自分と異なるタイプの選手がいるということです。左にある送りバントの例を見てもらえばわかると思いますが、型にはめる指導は選手の良さを消し、ひいてはパフォーマンスを下げるリスクもあります。選手それぞれで得意な動き方は異なるので、特性を見極めて、良さを引き出す指導をしてあげてください。

送りバントの構え

軸足（右打者の右足）が使いやすい場合は、左足を引いて投手に正対する“スタンダード”な構えのほうがバントしやすい

前足（右打者の左足）が使いやすい場合は、軸足を引いて前足に体重を乗せるイメージで構えるほうがバントしやすい

CHECK! ①

【右足タイプ・左足タイプの見分け方】

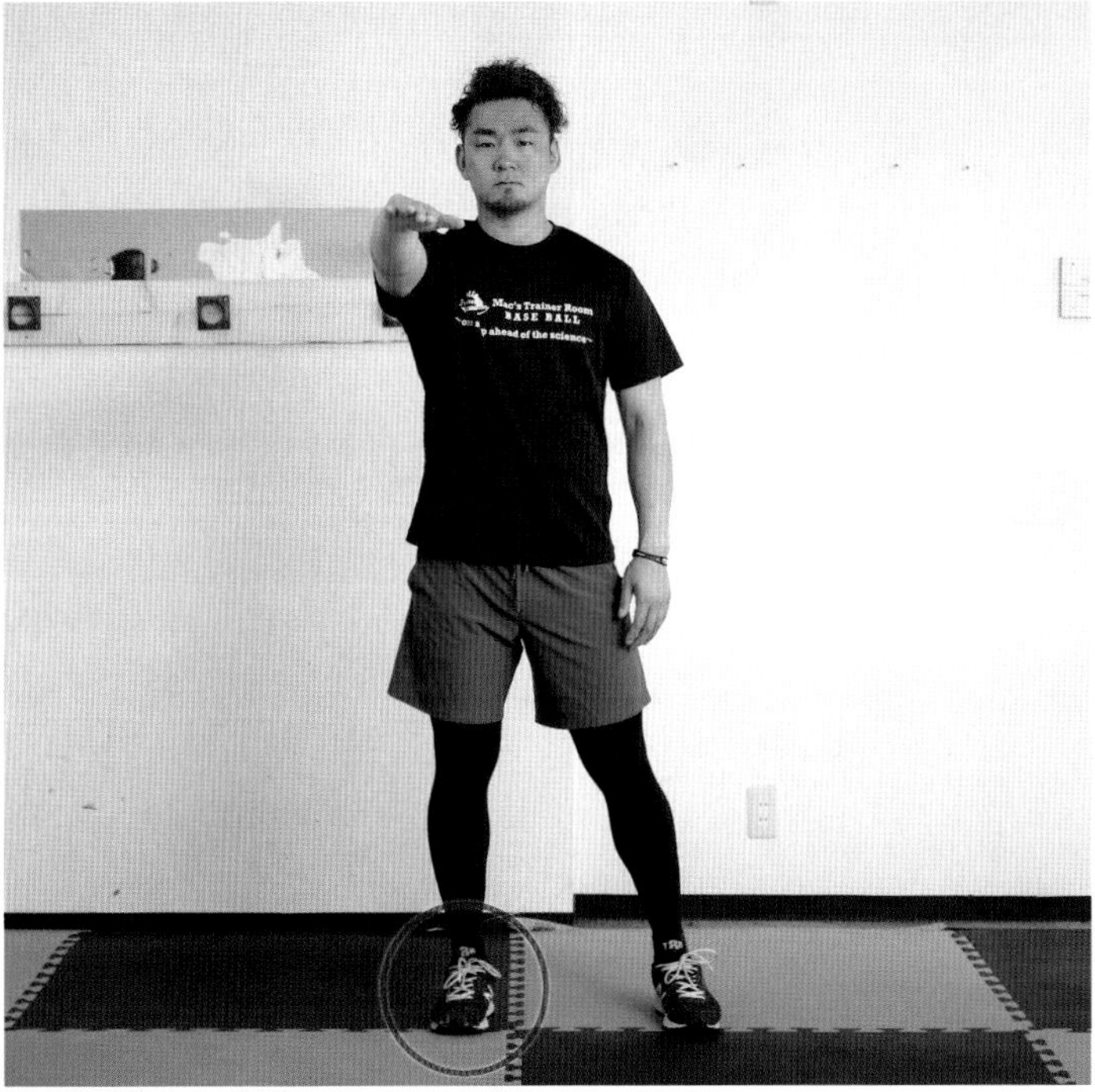

まずはシンプルに、自分は右足と左足、どちらが使いやすいかを知ろう。コーチか家族、チームメイトなどに手伝ってもらって行う。この際、「自分は軸足の方が使いやすいはずだ」という先入観を取り除いて行うことがポイント。

最初は肩幅よりやや広めに足を開き、右足に体重を多めに乗せて立つ。かかとを浮かすまではいかないが、しっかり右足に体重をかける。その状態で、右手を前に伸ばす。

相手が上から力を加えるので、手が下がらないにように耐える。右足に体重が乗りにくい人なら、押される力に耐えるのは難しいはず

こちらのほうが耐えられるなら右足タイプ！

今度は左足に体重を乗せ、右手を伸ばして同じように行う。こちらの方が押される力に耐えられる場合、左足の方が使いやすいということになる

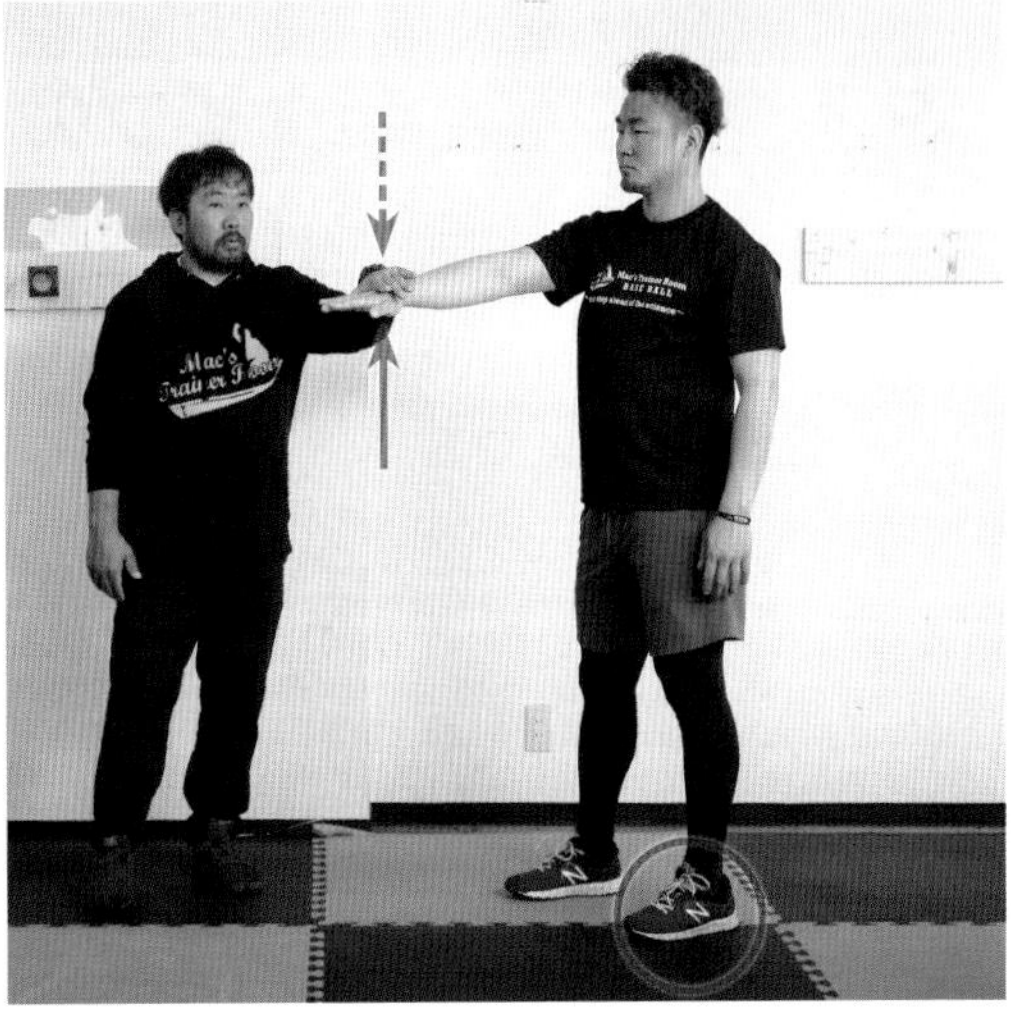

こちらのほうが耐えられるなら左足タイプ！

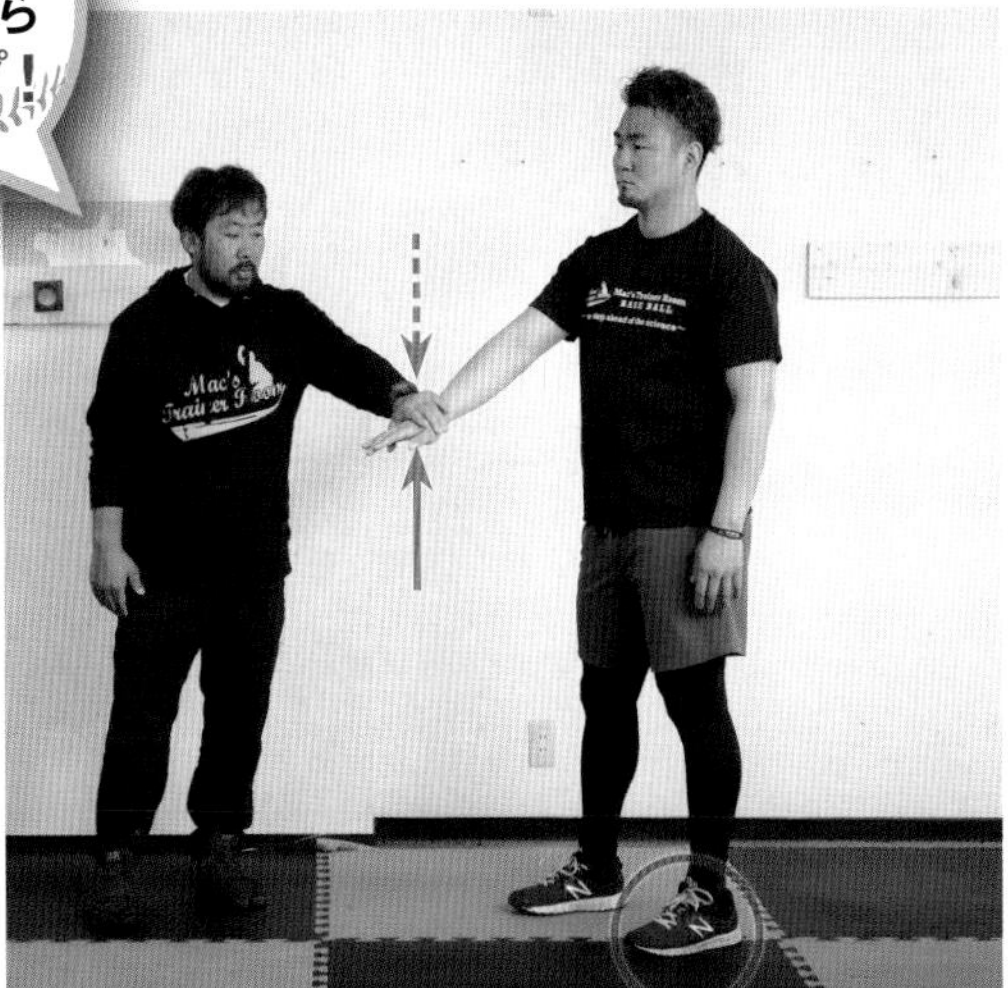

POINT

右足と左足のどちらが使いやすいか、誰にでも見分けられる方法は体重計を2つ用意すること。7対3の割合で交互の足に体重をかけて行い、どちらが使いやすいか、目で見ながら確認するとわかりやすい。

CHECK! ②

【右手タイプ・左手タイプの見分け方】

右足と左足のどちらが使いやすいかを確認したら、今度は右手と左手のどちらが使いやすいかをチェックしよう。P22、23で分かった使いやすい足に重心をかけ、右手を伸ばしてP22と同じように上から力をかけてもらう。左手より右手の方が耐えられるなら、右手が使いやすいことになる

今度は左手を伸ばし、同じように上から力をかけてもらう。右手と比べて左手の方が力が入り、耐えられるなら、左手が使いやすいことになる

CHECK! ③

【腹筋タイプ・背筋タイプの見分け方】

どちらの手と足がが使いやすいかわかったら、最後に腹筋・背筋のどちらが使いやすいかをチェックする。使いやすい足に体重をかけ、使いやすい手を伸ばしたら、相手に下から力を加えてもらい、腹筋を使う意識を持ちながら手を下げていく。この時、力が入りやすければ腹筋の方が使いやすいことになる

続いて、今度は相手に上から力を加えてもらい、背筋を使いながら手を上げていく。P26の腕を下げる動きと比べて、こちらの方が力が入りやすい場合、背筋の方が使いやすいことになる

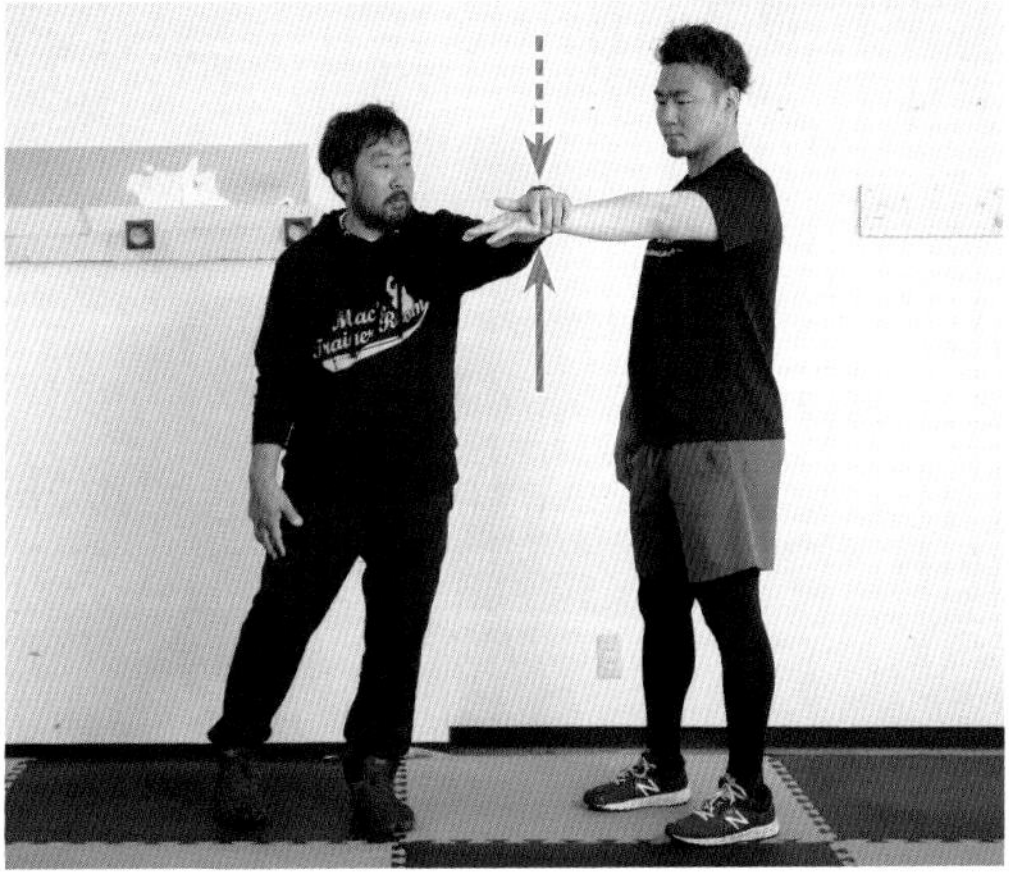

こちらのほうが力が入るなら背筋タイプ！

パフォーマンスラインの見分け方【まとめ】

CHECK1で右足・左足、CHECK2で右手・左手、CHECK3で腹筋・背筋のどちらが使いやすいかを確認することで、自分の「パフォーマンスライン」がわかる。これを知ることで、投球時の動きや意識すべき部分もより明確になる

CHECK! ①

右足タイプ
左足タイプ

右足が使いやすい

CHECK! ②

右手タイプ
左手タイプ

右手が使いやすい

左手が使いやすい

左足が使いやすい

CHECK! ②

右手タイプ
左手タイプ

右手が使いやすい

左手が使いやすい

キミの
パフォーマンスラインは
コレだ！

右足・右手・腹筋
タイプ

右足・右手・背筋
タイプ

CHECK! ③
腹筋タイプ
背筋タイプ

右足・左手・腹筋
タイプ

右足・左手・背筋
タイプ

CHECK! ③
腹筋タイプ
背筋タイプ

左足・右手・腹筋
タイプ

左足・右手・背筋
タイプ

CHECK! ③
腹筋タイプ
背筋タイプ

左足・左手・腹筋
タイプ

左足・左手・背筋
タイプ

CHECK! ③
腹筋タイプ
背筋タイプ

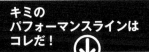

投手にとっての「正しい姿勢」とは？

投手にとって重要なのが姿勢です（打者も同じです）。学校の体育などで「胸を張って」「背筋を伸ばして」と言われたことがあるかもしれませんが、野球を含むスポーツ全般に関しては、これらの姿勢はパフォーマンスを低下させる要因になります。筋肉が緊張状態になり、動きにくくなるからです。

試しに背筋を伸ばしたまま、片足立ちをしてみてください。足を上げにくくないですか？　次に、その姿勢で利き手を上げてください。これも上げにくいと思います。背筋はS字カーブの形状なので、胸を反ると無理やり伸ばされるような感じになります。詳しくは後述しますが、投球動作では胸郭を丸めたり反ったりする動きが大事なのですが、背筋を伸ばすと胸郭の可動域が狭まり、これらの動きをしにくくなります。

一方、過度な猫背もよくありません。頭の位置が前方に行きすぎると、腰に負担がかかります。理想の姿勢は、足の母趾球と小趾球に重心が乗り、肩も含めて身体のどこにも力が入っていない状態。「僕は背筋を使いやすいから、背筋を伸ばします」と

正しい姿勢

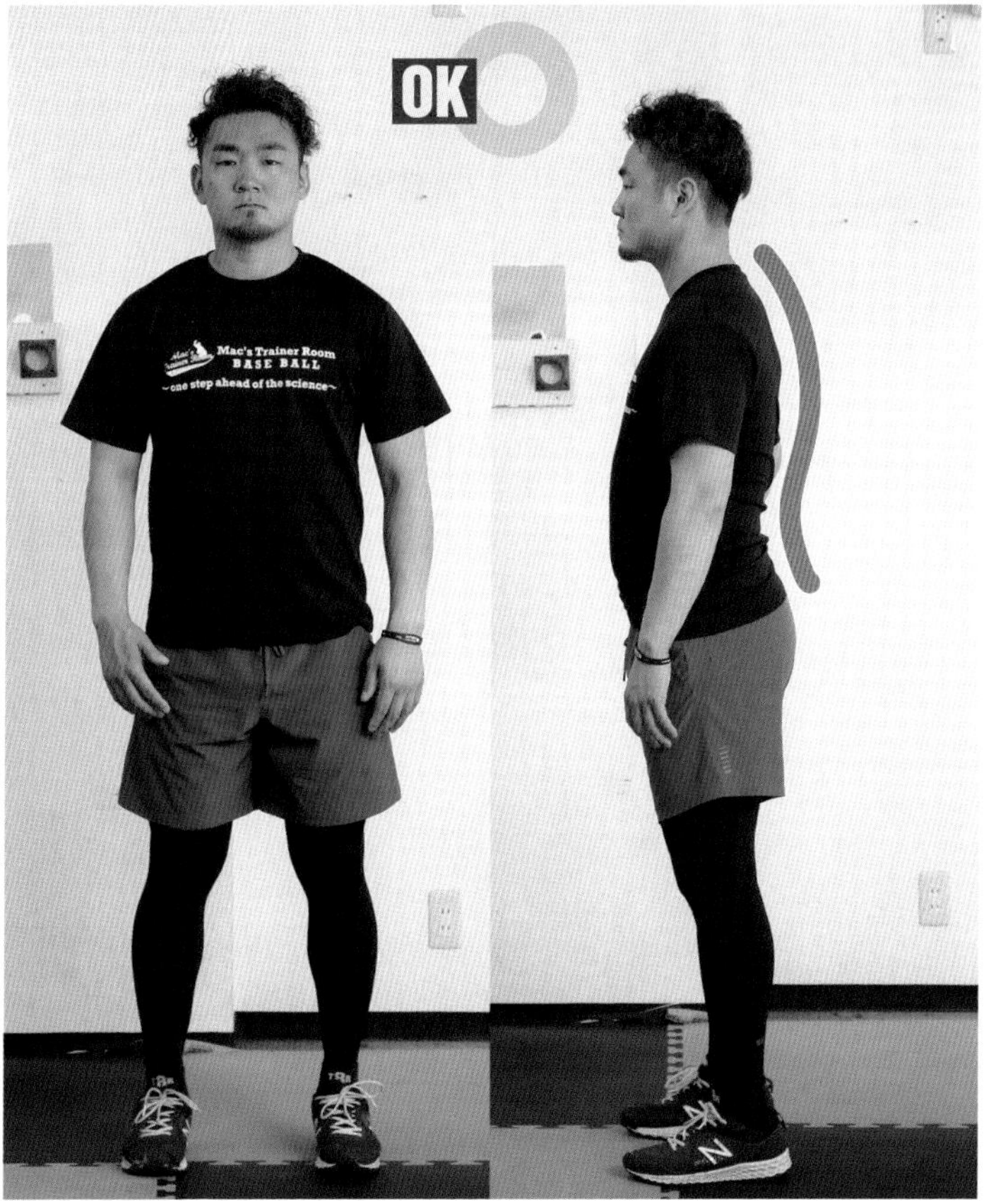

適度に背中に丸みがあることで、体のしなりが使え、楽に構えることができる。重心は母趾球と小趾球に乗った状態

重心を置く位置

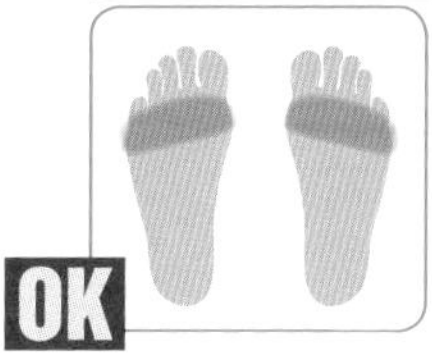

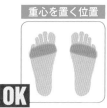

いうのは行き過ぎです。それでは投球動作に背筋を活かしにくくなるからです。

ポイントは、自分にとって楽な姿勢で立つこと。メジャーリーガーや、日本人でも長嶋茂雄さんや王貞治さんなど往年の名選手は打席で構えた時、背中に自然な丸みがあります。運動動作は身体の連動によって行われるので、初めから胸を反りすぎていると、それより奥に反れません。丸く構えるから、しなりを使えるわけです（P31参照）。

投手の場合、姿勢と関連して大切なのが、構える際にグローブを置く位置です。グローブの位置を高くすればするほど、背筋は反ります。グローブを身体から離した方が背筋は丸くなり、近づけると反り気味になります。

こうした点を踏まえ、グローブをどの位置で構えるかを決めます。例えば赤沼投手の場合、グローブを高く構えると背筋が反ってしまうので、並進運動で前に出ていく力が弱くなります。だから最初からグローブを下げて構えて、背中に丸みを作る。こうした構えの方が左足を使いやすく、強い力を生み出すことができるので、振りかぶらずに投げているそうです。

自分はどうやって構え、動き出せば力を最大限に発揮しやすいか。パフォーマンスラインの特徴も踏まえて、その確認をしておいてください。

背中は適度に丸みを持たせる

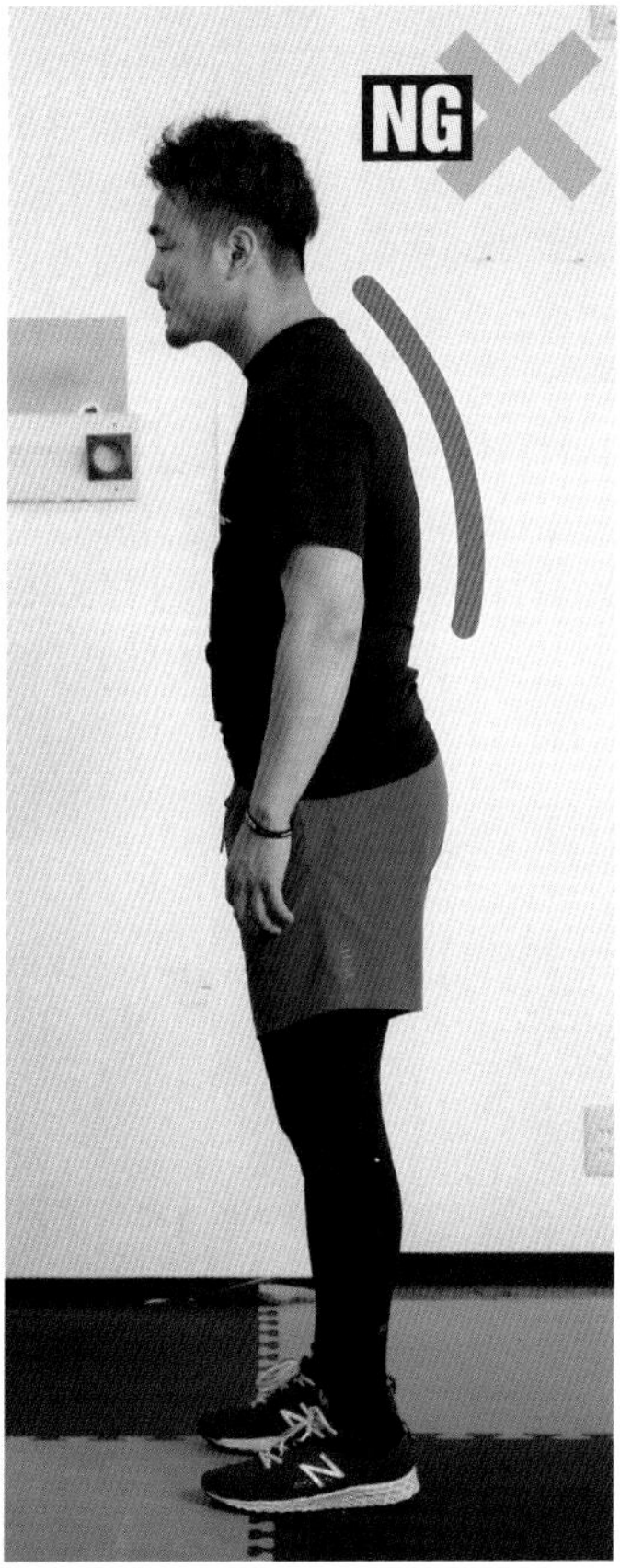

猫背になりすぎると、つま先重心になり、頭の位置が極端に前に行きやすい。これではお腹や胸郭の力を使いにくくなる

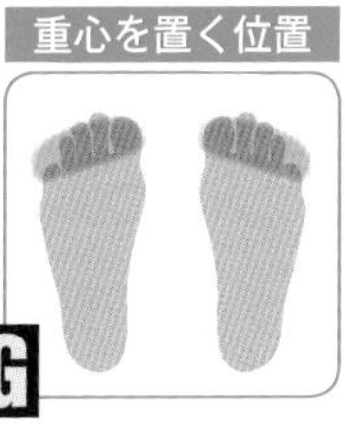

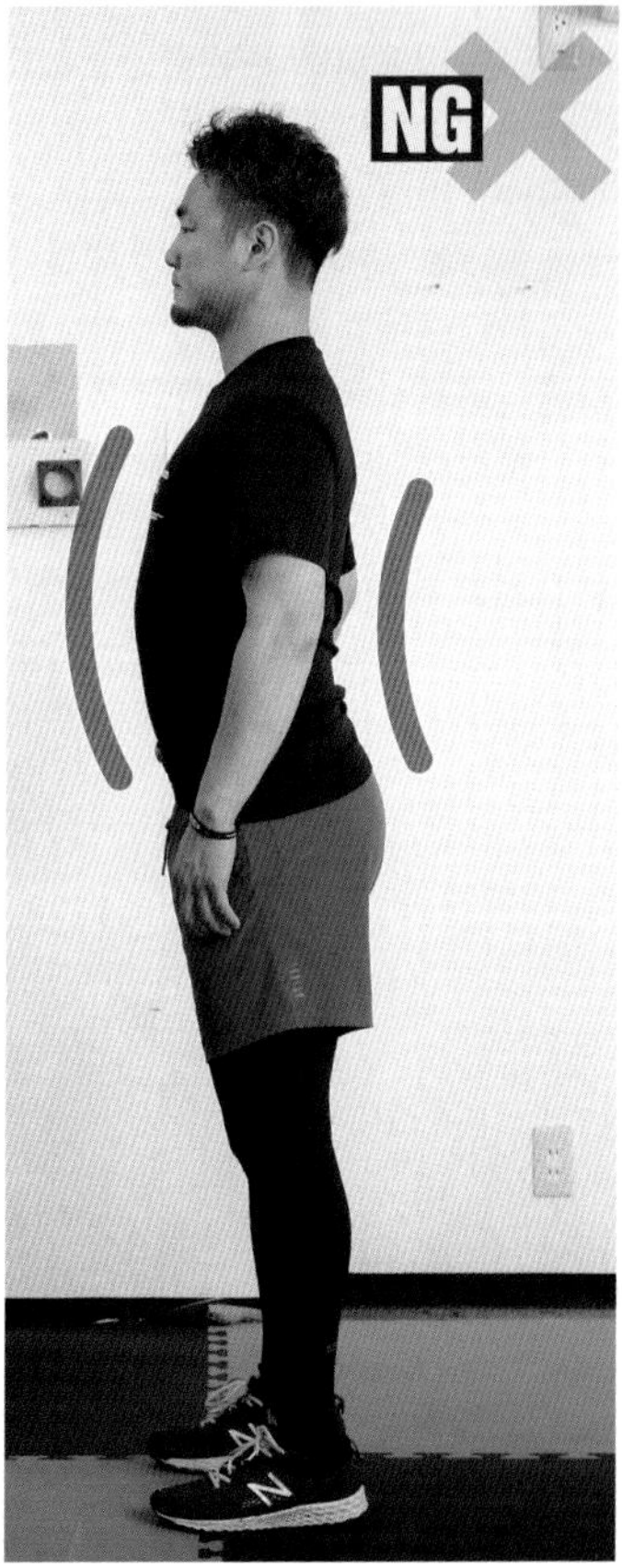

一般的に良い姿勢とされる「背筋を伸ばした姿勢」は、かかと重心になりやすい。野球の動作の中では可動域を狭め、パフォーマンスを低下させてしまう

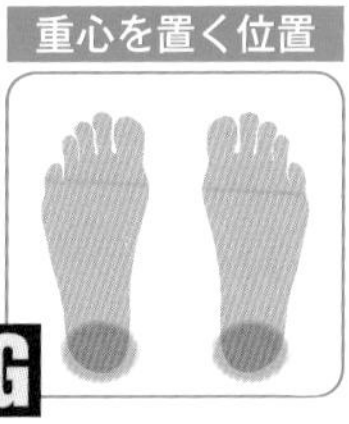

“140km/hライン”クリアを目指す

本書のテーマである“球速140km/h”に到達するためには当然、最低限クリアしなければならない“ライン”があります。下の表は、140km/h、145km/h、150km/hを投げるために最低限必要な指標です。項目を見てもわかるように、その内容は柔軟性やウエイトトレーニングの数値など様々。当然、目指すべき球速が上がれば、求められる指標も高くなります。まずは各項目を計測して、自分が“140km/hライン”に到達するためには何が足りないのか、把握することから始めましょう。たとえば、股割りやブリッジはクリアできているのに、ベンチプレスなどの数値が届いていない場合はウエイトトレーニングを重点的に行うなど、自分の“弱点”を知ることで、効率良く球速アップにつなげることができます。本書では“140km/h”をテーマに掲げていますが、それをクリアしたら当然次の段階、145km/hや150km/hを目指してトレーニングを続けてみましょう。

投手の球速の指標

項目	140km/h	145km/h	150km/h
股割り	○	◎	◎
ブリッジチェック	○	◎	◎
スクワット	○	◎	◎
外旋チェック	○	◎	◎
ボックスジャンプ	110cm×10回連続	120cm×10回連続	130cm×10回連続
10m走	1秒75	1秒70	1秒65
メディシンボールスロー（5kg）	12m50	15m00	17m50
立ち幅跳び	2m70	2m80	2m90
立ち三段跳び	7m75	8m00	8m25
ベンチプレス※	80kg×10回 （MAX100kg）	90kg×10回 （MAX112.5kg）	100kg×10回 （MAX125kg）
クリーン・ペンタゴン クリーン※	65kg×10回 （MAX80kg）	72.5kg×10回 （MAX90kg）	80kg×10回 （MAX100kg）
フロントスクワット※	80kg×10回 （MAX100kg）	97.5kg×10回 （MAX120kg）	112.5kg×10回 （MAX140kg）
スクワット・デッドリフト※	147.5kg×10回 （MAX185kg）	160kg×10回 （MAX200kg）	180kg×10回 （MAX225kg）
プルダウン （10m助走での球速）	150km/h	155km/h	160km/h

※ウエイトのMAXは計測せず、10回上げられる重さを計測して実施
※トレーニングの詳細は本書もしくは動画（P17参照）を参考にしてください
※プルダウンの球速はマウンドからの球速＋10km/hが基準。10km/h以上差がある場合はメカニズムを見直す必要がある

日頃から“計測”する習慣をつける

右ページで紹介した“140km/hライン”のように、自分の持つ能力を計測することはとても大切です。数値を計測することによって、まずは自分の現時点での実力が数値化されます。そして、計測することを習慣にし、それを継続すると自分がどれだけ“成長”しているかが明確になります。自分の成長が数値として可視化されれば、日々のトレーニングのモチベーションも上がりますし、自分の長所・短所を把握することもできます。右の表は主な運動数値のチェック項目ですが、投手だけでなく、野手も含めたチーム全体で身長、体重、体脂肪率はもちろん、短距離走のタイムや筋力の数値をしっかりと記録しましょう。計測のタイミングは2週間程度ごとがオススメです。2週間あれば、数値が大きく伸びることもあります。設備の問題で計測できない項目もあるかもしれませんが、可能な限り自分の能力を記録し続けることが、成長への第一歩になるはずです。

運動数値チェック項目
身体評価
身長（cm）
体重（kg）
体脂肪率（%）
瞬発力評価
50m走（光電管）
27m走（光電管）
10m走（光電管）
立ち幅跳び（m）
立ち三段跳び（m）
塁間バウンディング（歩数）
塁間カンガルー（歩数）
メディシンボール・フロントスロー（5kg／m）
メディシンボール・バックスロー（5kg／m）
筋力評価
フロントスクワット（ワイドスクワット／kg）
デッドリフト（ヘックスバー／kg）
ローテーションベンチプレス（kg）
ペンタゴンバークリーン（kg）
セーフティーバーワイドスクワット（kg）
ローテーション懸垂（①できない②1～5回③6～9回④10回以上）
逆立ち（①5秒キープ②10秒キープ③5m歩ける④10m歩ける）
パフォーマンス評価
プルダウン（10m助走での球速）
球速（マウンドからの球速）
セカンドスロー（キャッチャーの二塁送球タイム）

主な筋肉の名称

本書のトレーニングではいくつか「筋肉の名称」が出てきますが、各筋肉の位置をしっかりと把握し、指定された筋肉を使ってトレーニングを行わないと狙いどおりの効果は得られません。筋肉の名称と部位は最低限の知識としてマスターしておきましょう。

本書トレーニング内で使用する主な筋肉

斜角筋
首の前面についている筋肉。首を曲げたり、横に倒す作用がある。

大胸筋
胸部の筋肉の中でもっとも大きな筋肉。ベンチプレスなどで鍛えることができる。

三角筋
鎖骨の外側から肩関節を覆っている筋肉。「投げる」動作と関連性が深い。

上腕二頭筋
いわゆる「二の腕」の筋肉。「力こぶ」とも呼ばれる部位。

前腕屈筋群
手首と肘の関節をまたいだ筋肉群。円回内筋、橈側手根屈筋、長掌筋、尺側手根屈筋の総称。

腹直筋
腹部の前面にある筋肉。一般的な「腹筋」はここに該当する。

外腹斜筋
腹横筋の両脇にある筋肉。肋骨や胸骨を引き下げる作用がある。

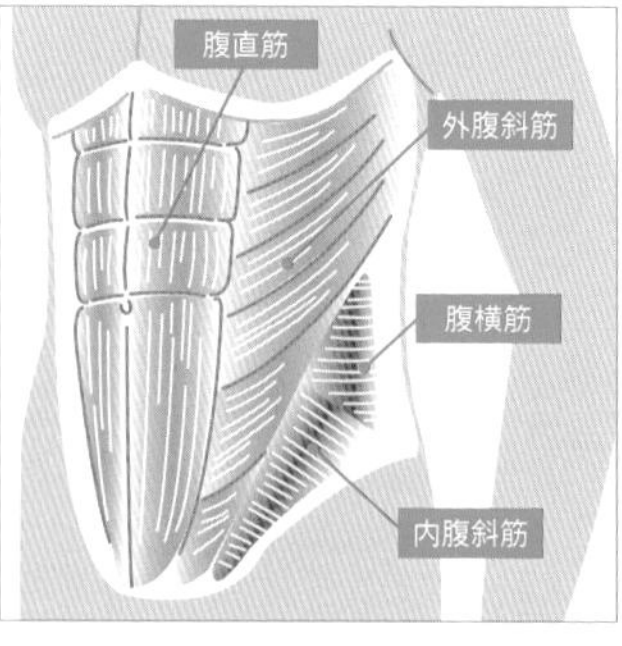

内腹斜筋
外腹斜筋の奥にある筋肉。外腹斜筋と同様に肋骨や胸骨を引き下げる作用を持つ。

腹横筋
インナーマッスルのひとつで、わき腹に位置する。

深層外旋六筋
骨盤と大腿骨を繋ぐ小さな筋肉の総称。体をひねる動作をする際に、下半身で生まれた力を上半身に伝達する働きに関係している。

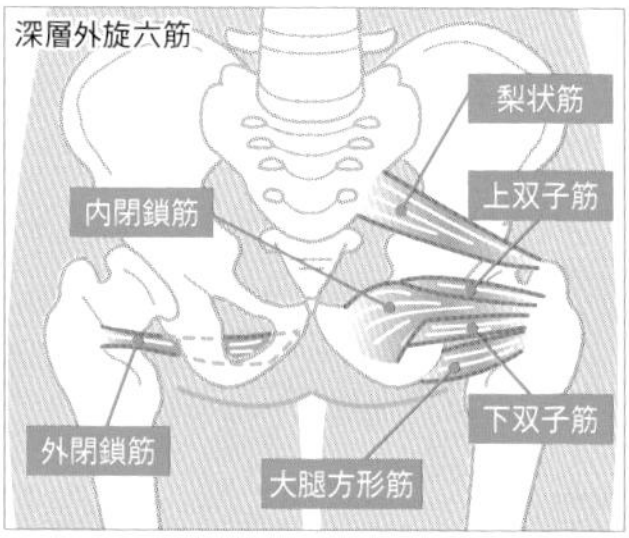

大腿四頭筋
太ももの前面に位置する筋肉。全身の筋肉の中でも特に大きく、強い力を生み出す。

僧帽筋
首から肩、背中にかけて位置する筋肉。

広背筋
背中の下部、脇下から脊柱、骨盤の上へとつながる筋肉。

大殿筋
お尻の中でもっとも大きな筋肉。太腿を引いたり、外旋させる働きを持つ。

ハムストリング
お尻のつけ根から太腿の裏側、膝裏周辺にある大腿二頭筋、半膜様筋、半腱様筋の総称。

PART 2

ピッチングを「構成する要素」を知ろう

この章で紹介するトレーニングは、
「Mac's Trainer Room野球トレーニング専門チャンネル」内の
動画で確認することができます。

4つの要素を高めて出力を上げる

速い球を投げている投手は、例外なく高い出力を備えています。高い出力を発揮するために必要な要素は、「柔軟性」「身体操作性」「筋量」「筋出力」。これらをバランスよく身につけていくことが重要です。

投球フォームを改善すれば球の質がよくなると考えている人がいますが、投げ方を変えるだけでは質の高い球を投げられるようになりません。柔軟性、身体操作性、筋量、筋出力を全体的に高めていくことで、〝結果的〟に投球フォームはよくなります。ピッチングの〝形〟ではなく、投手として〝器〟を大きくすることを追求しましょう。

どうすれば投球時の出力を高めることができるか、弓矢にたとえると理解しやすいと思います。小さい弓の場合、そもそも弦をあまり引けません。大きい弓の方が、物理的に弦を大きく引くことができます（P41参照）。

弓矢をピッチングにたとえると、弓の大きさが筋量。筋量が増せば増すほど、弓が大きくなります。

弦を大きく引けることが柔軟性。身体の可動域が増すようなイメージです。そして弦の強さ（太さ）が筋出力。使い古されたゴムのように弦が弱いと、大きく引くことはできません。

弓自体が小さく、弾力が弱い弦を引いた場合、矢が飛んでいくスピードには限界があります。弓が小さいのに矢のスピードを上げようとすると、無理やり弦を引くしかありません。

ピッチングでも同じことが言えます。筋量の足りない投手が速い球を投げようとすると、上体をひねりすぎたり、腕をしならせようと内側に入れすぎたり、どこかで無理が生じます。そうした身体の使い方をすると、故障の要因になりかねません。速いボールを投げるには弓を大きくし、弦の強さをつけながら、柔軟性を高めていくことが重要です。

筋出力というのは、身につけた筋量をいかに力として出し切れるかです。筋量をつけるだけでは、ピッチング時の高い出力にはつながりません。

例えばボディビルダーは一定以上の筋量を身につけていますが、出力系のトレーニングをしなければ、運動時に生み出される力は最大化されません。彼らのように筋肥大が目的なら筋出力を気にしなくてもいいですが、投手にとっては力のある球を投げることが重要です。身につけた筋量を力として最大限にボールに伝えるためには、トレーニングで筋出力を高めていくことが必要になります。

柔軟性、身体操作性、筋量、筋出力は、投球パフォーマンスにおいて相関関係にあります。P42の図のように、4つの要素から構成される正方形をイメージしてください。仮に柔軟性だけが弱い場合、その弱さに残り3つの要素はマイナスの影響を受け、せっかく高めた身体操作性、筋量、筋出力は十分に発揮されません。柔軟性の弱さが足を引っ張り、投球時の出力が弱くなってしまいます。極端な言い方をすると、高い3つの要素は「宝の持ち腐れ」になるのです。

柔軟性を疎かにする野球選手は少なくありませんが、可動域を広げることでより大きな力を埋めるようになります。好例がオリックスの山岡投手や山本由伸投手です。

筋量は多い一方、柔軟性が足りないという投手は、股割りやブリッジなどP44から紹介する柔軟性のメニューを重点的に行ってください。誰しも苦手なことは遠ざけがちですが、弱点の柔軟性を克服できれば、一気に投球パフォーマンスが向上する可能性を秘めています。

投球時の出力 ～弓矢のイメージ～

弓の弦を大きく引くことができる ＝ 出力が大きくなる

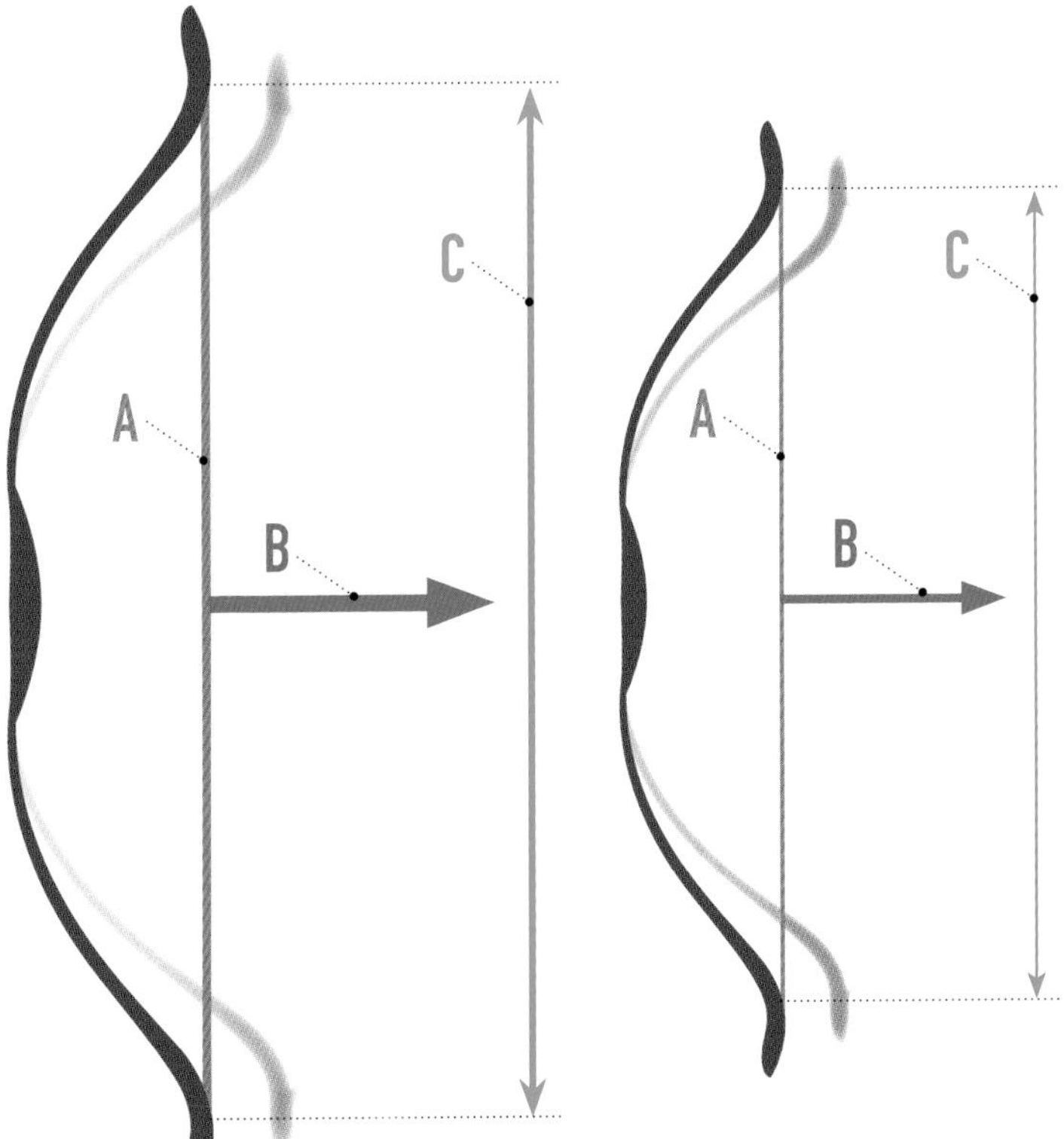

A
弦の太さ＝筋出力

B
弦を引く＝柔軟性

C
弓の大きさ＝筋量

投球パフォーマンスを構成する4要素の相関関係

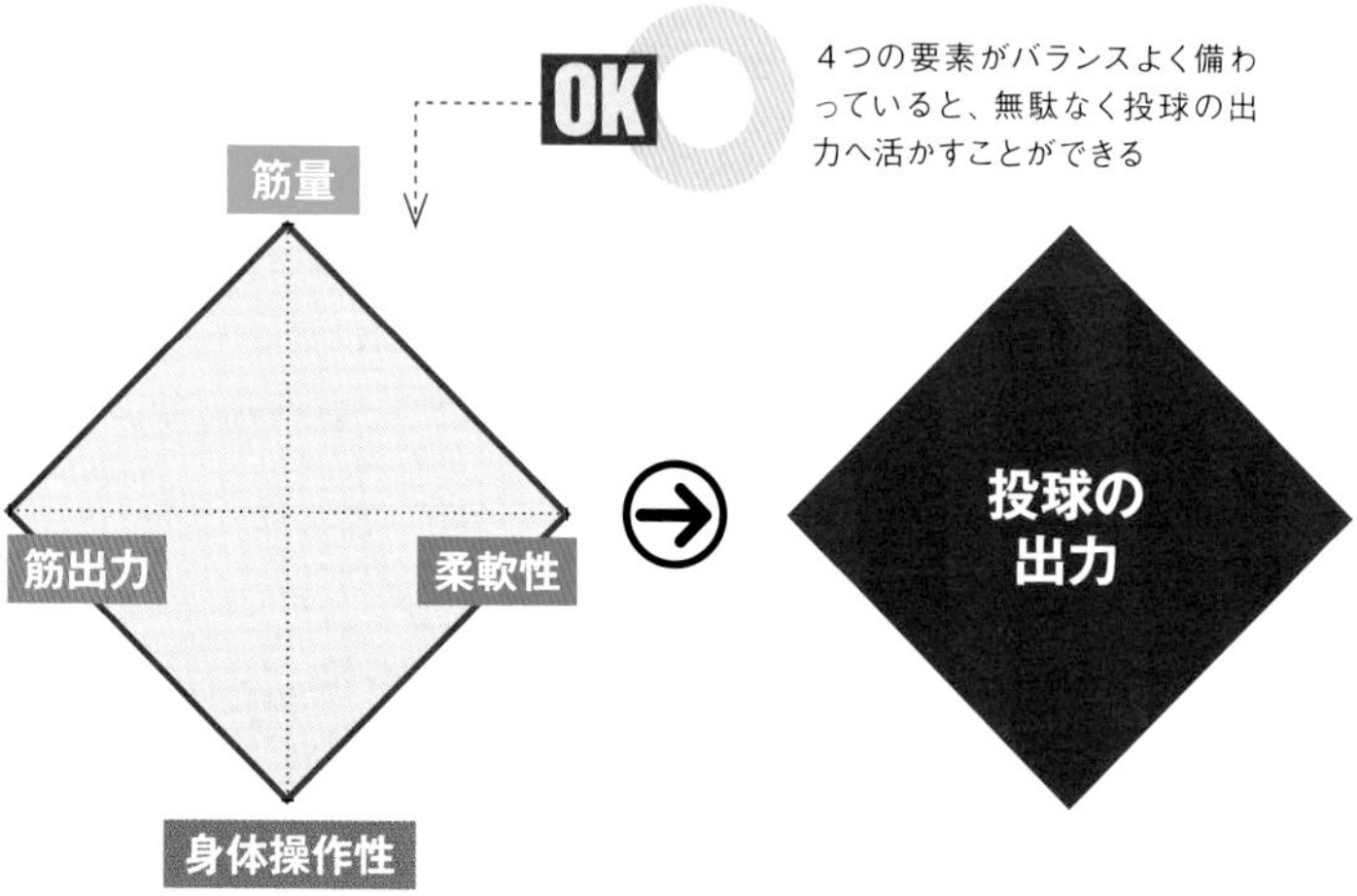
OK
4つの要素がバランスよく備わっていると、無駄なく投球の出力へ活かすことができる
筋量
筋出力
柔軟性
身体操作性
投球の出力

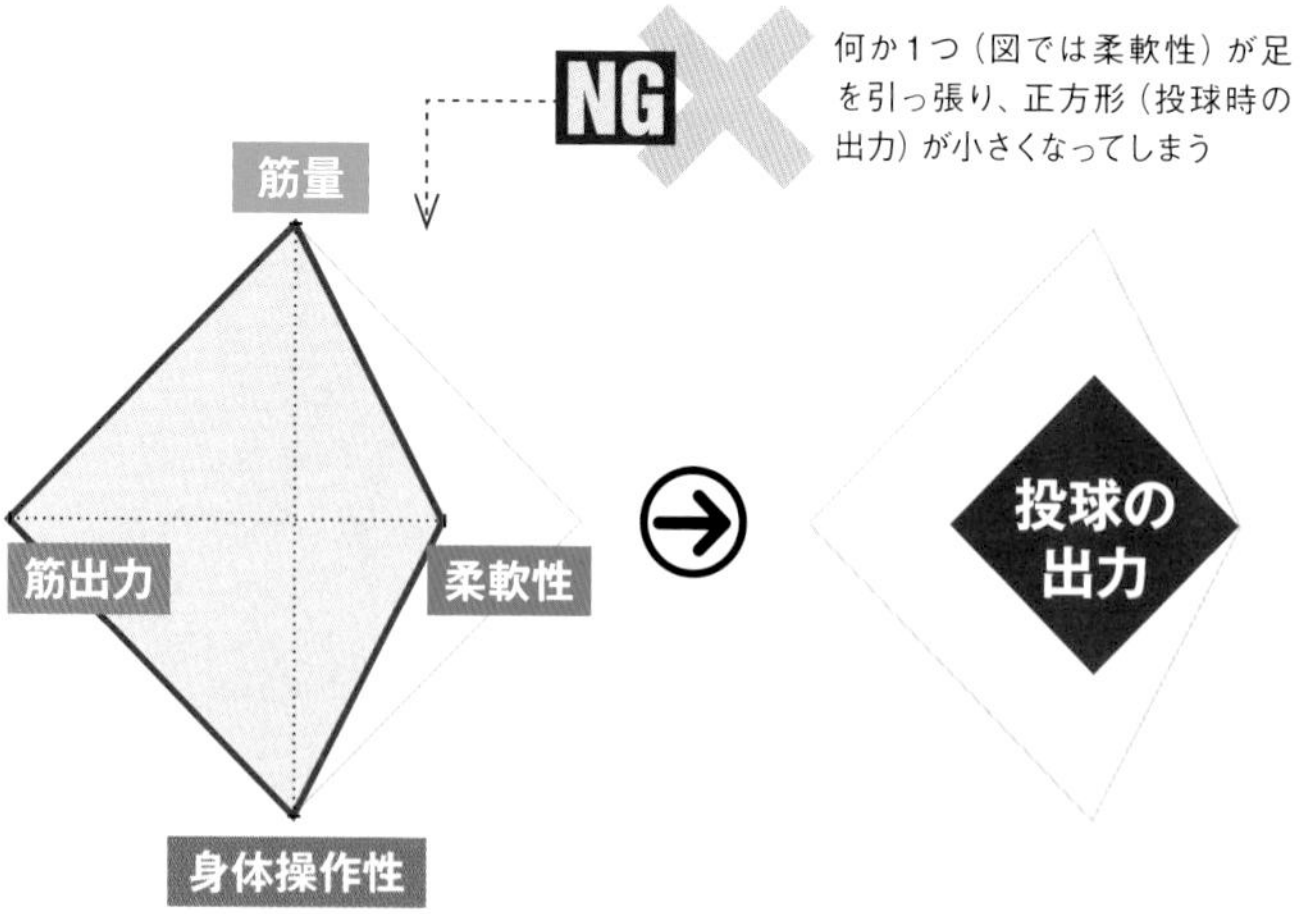
NG
何か1つ（図では柔軟性）が足を引っ張り、正方形（投球時の出力）が小さくなってしまう
筋量
筋出力
柔軟性
身体操作性
投球の出力

除脂肪体重とは

投球時の出力を高めるには筋量アップが重要ですが、そのカギになるのが「除脂肪体重」です。文字どおり、体重から体脂肪を除いた重量のことです。

高校野球などで行われている「食トレ」では、“タッパ飯”（タッパーにご飯を詰め込んだもの）をひたすら食べているチームもあるかもしれません。お米を食べるだけでは脂肪につながりやすく、筋量を増やすためにはタンパク質をとる必要があります。

トレーニング中に水分をとることは不可欠ですが、水やお茶だけではなく、カーボハイドレート（炭水化物）やアミノ酸、電解質が含まれたものを飲んでください。糖質やたんぱく質を摂取し、筋肉の分解を防ぐためです。

トレーニングを行うと、糖新生が活発になります。糖新生とはグルコース（糖）を新たに作るプロセスのことで、筋肉を分解して取り出されたアミノ酸が使われます。特に空腹で運動すると筋肉が分解されるので、運動をする前に糖質を補給することが重要です。

トレーニングの目的は出力アップにつなげることです。サプリメントや栄養分の摂取を効果的に行うことは、ひいては投球パフォーマンスの向上にも結びつきます。

柔軟性トレーニング①

股割り

ナゼやるの？

投球動作の際に並進運動で前に行くには、股関節の外転と外旋を効かせて骨盤を回すことが必要。ストレッチではなく、投球動作につながるエクササイズという意識で取り組む

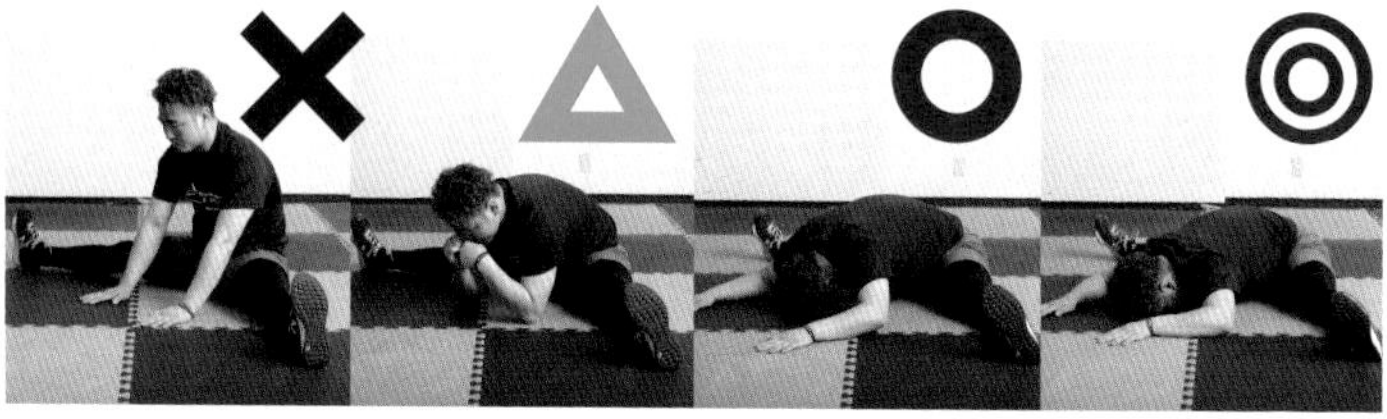

まずは柔軟性をチェック。床に座って両足を開き、つま先を上に向けて前屈。床に胸が付けば◎、頭が付けば○、肘が付けば△。最低でも△以上を目指そう

つま先を真上に向けることがポイント。足が外旋して力が生み出され、股関節に伝わり並進運動で前に行けるようになる

NG

股関節が硬い人は無理やり開こうとし、つま先が横向きになりがち。内転筋が張った状態なので絶対後ろから押さない

骨盤が後方へ逃げないようにしっかり腰を入れることがポイント。余裕がある人は上体をかぶせると効果的

NG

肩を入れると腰が入らないのでNG。硬い人は補助をつけて実施。地べたより、台の上や階段で行った方が楽にできる

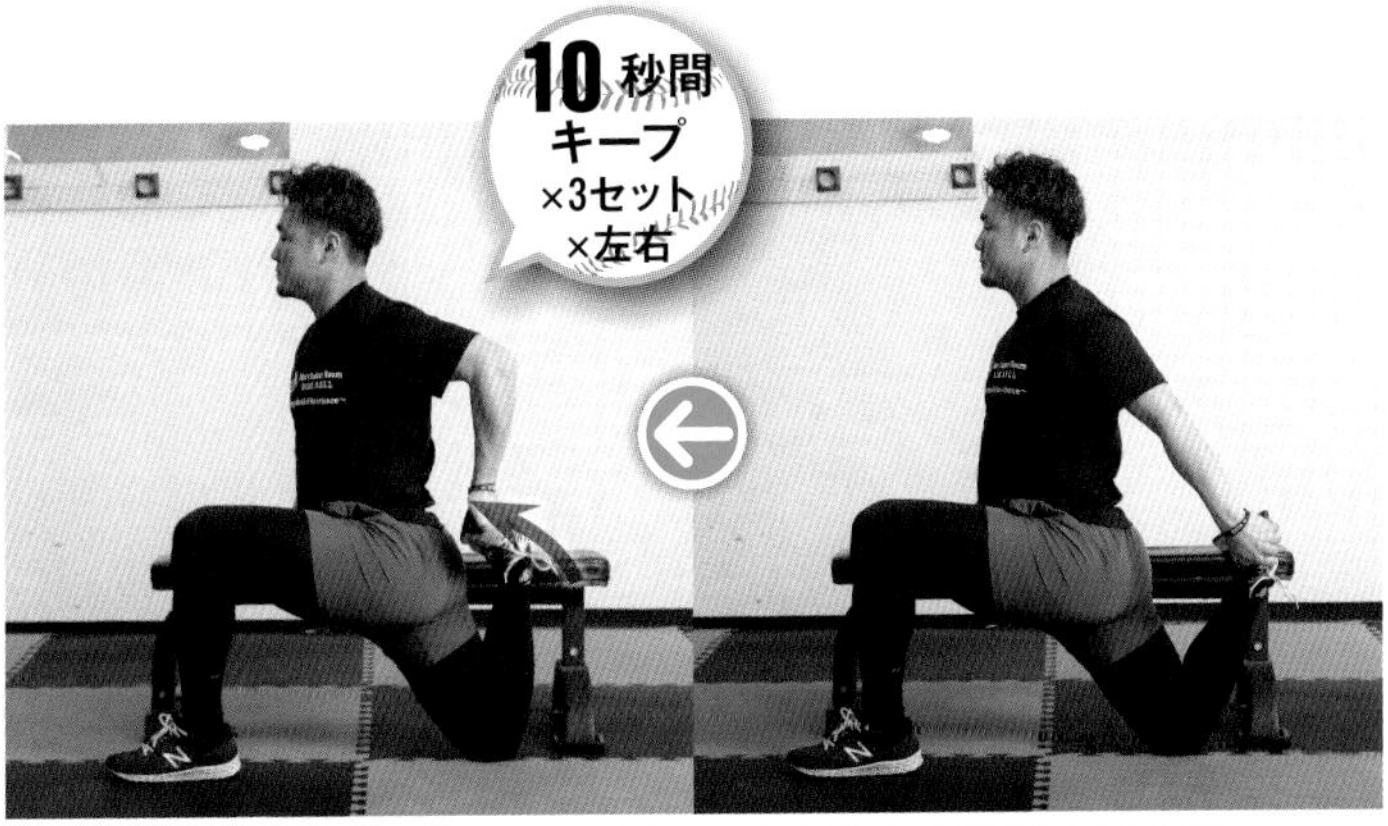

まずは両膝立ちになり、骨盤のポジションをそろえる。右手で台を支えながら、写真右のように外側の足を前に出す。次に左手で後ろ足をとり、かかとをお尻へ近づけていく。前屈みにならず、股関節をしっかり前に出すことが重要

股割り

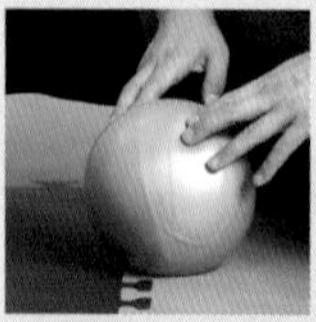

ITEM

適当な大きさのゴムボールや柔らかいメディシンボールで実施。勢いをつけすぎると内転筋を痛めるので注意

腰をしっかり入れることがポイント。股関節が硬い人が地べたで行うのは難しいので、台に座って行うと前に行きやすくなる

10回 ×3セット

つま先を上に向け、股関節の外旋を効かせる。鼻から息を吸い、口から吐きながらボールをなるべく前に転がしていく

ITEM

台を使って行うことで股関節が入り、上体が倒れやすくなる。硬い人はベンチ程度の高さでもOK。座布団でも代用可

腰をしっかり入れることがポイント。スライドボードやタオル、下敷きなど滑りやすいものを使って行う

10回
×3セット

つま先を持ち、鼻から息を吸って口から吐きながら足を伸ばしていく。やれば必ず柔らかくなるので、習慣化しよう

柔軟性トレーニング②

ブリッジチェック

ナゼやるの？

投球動作では胸郭で力を生み出すことが重要。胸郭と股関節の分離を作って運動連鎖につなげるには、ブリッジをでき、その状態から動ける程度の胸郭の柔軟性が必要になる

肘を伸ばし、胸郭の丸みを作ってしっかり張る。手だけで体を上げるのではなく、胸郭が張れるように。この状態がキープできれば「△」

腰を浮かすことができても肘をしっかりと伸ばせなければ「×」

ブリッジができるようになったら、次は歩けるように。胸郭の丸みを維持しながら手を浮かしていく

胸郭に力を入れすぎていると、手を浮かせて動くことはできない。前後に5歩ずつ進めるようになれば「○」

柔軟性トレーニング②　ブリッジチェック

ブリッジで歩けるようになったら、次は回れるように。左右のローテーションともにできるようになろう

◎

肩が外れないように注意。ブリッジロールができるようになれば「◎」。投球動作でも胸郭をしなやかに使えるはず

スクワット

ナゼ
やるの？

投球動作でスムーズに動けるようになるには足首の柔らかさが必要。そのためには正しいフォームでスクワットを行い、足首の柔軟性を高めていく必要がある

肩幅より少し広めに手を広げ、バーを上に持つ。足のつま先のラインより頭と膝が前に出ず、股関節が膝より下の位置までしゃがめるようになれば「◎」

5秒間
キープ

POINT

スクワットができるか確認する際には足のつま先のラインより頭と膝が前に出ないように。トレーニング時は出てもOK

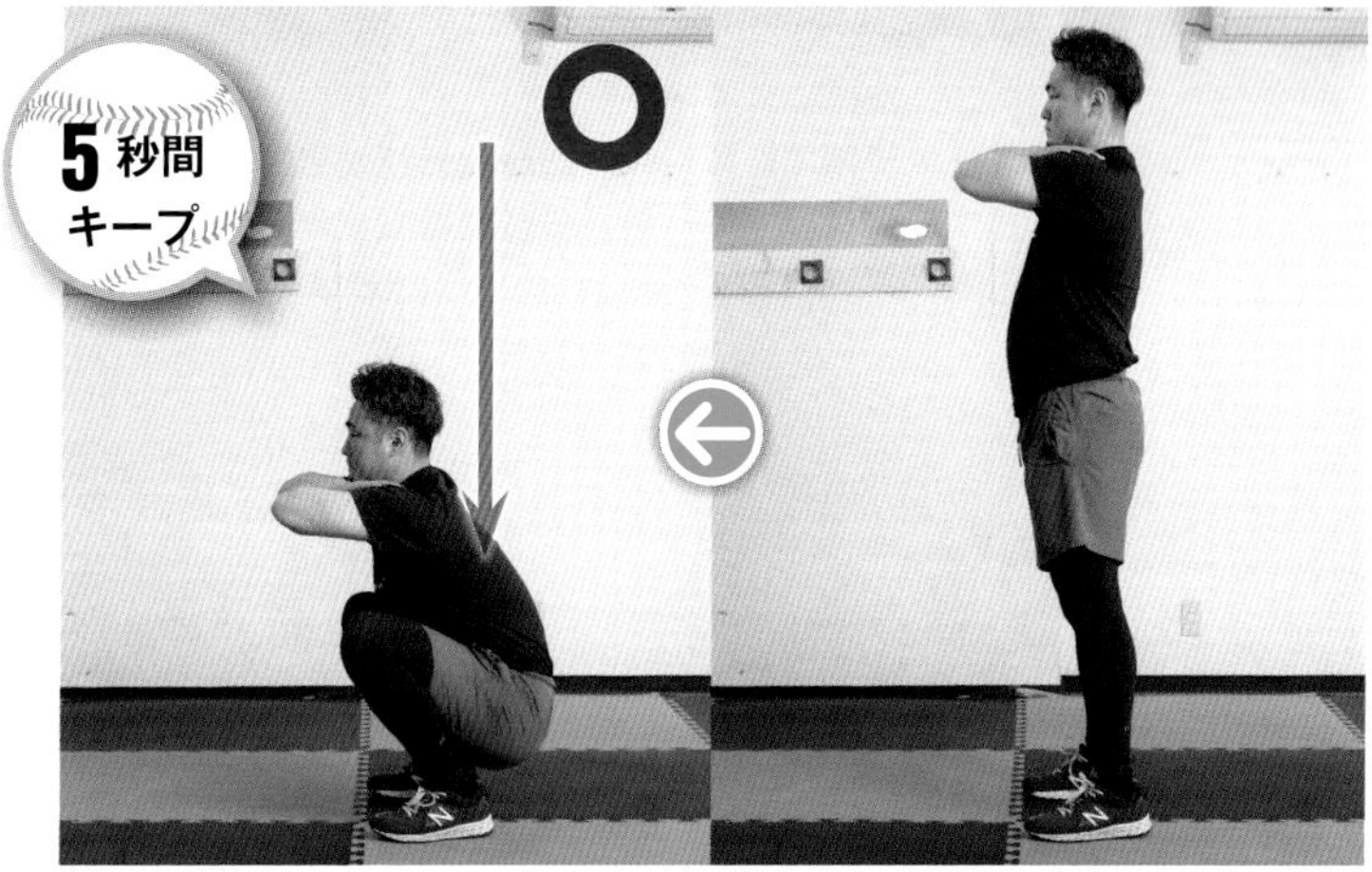

手を前で組み、足のつま先のラインより頭と膝が前に出ず、股関節が膝より下の位置までしゃがめるようになれば「○」。これができるようになったら、次は右ページのように手を伸ばしてバーを持ってできるように

手を地面と水平に伸ばし、足のつま先のラインより頭と膝が前に出ず、股関節が膝より下の位置までしゃがめるようになれば「△」。これができない人は「×」。投球動作の並進運動や捕球動作で低い体勢を作れないので、柔らかさの獲得を目指そう

柔軟性トレーニング④

外旋チェック

ナゼやるの？

ボールを前で離すためには股関節の外旋が最も重要。骨盤が入らず前に行けない場合、胸郭の力を十分に発揮できず、リリースポイントも後ろになって肘への負担が増す

前足の膝が地面に着き、骨盤がしっかり入る。後ろ足の股関節が地面に着いた状態で、股関節の外旋ができると「○」

ベンチ台に足をかけた状態で股関節がしっかり外旋できれば「△」

お尻が硬くて膝が浮き、骨盤が逃げる。四頭筋が硬いため地面に付かないと「×」

右ページの状態を作れるようになったら、そこから投球動作のトップを作る。ピッチングのイメージで実施

ITEM

短いバットを持って行うことで、股関節や腹横筋、腹斜筋、胸郭、手という運動連鎖をより意識できる

トップからフォロースルーまで上半身で投球動作を行えれば「◎」。腹横筋、腹斜筋を使えるように

前足トップ&フォロースルー

ナゼやるの？

投球動作では前足を着いてからトップを作ることでお腹が引き伸ばされる。そこからフォロースルーに向かう中で強い力を発揮する感覚を養う

両手をクロスさせ肩のラインでバーを持つ。ランジの姿勢をとり、骨盤を動かさないように肩を時計回りに回していく

膝が割れないように注意する。骨盤を回さず、胸郭だけで90度以上回れるのが理想。トップを作るイメージで

トップの状態を作ったら、次はフォロースルーのイメージで反時計回りに回っていく。肩を回して90度以上行けるのが理想

CHECK!

胸郭が硬い人は前足を踏み出してトップを作る際（前足トップ）、45度以下しか回れない（写真左）。45度から90度未満なら「△」（写真中央）、90度行けるようになれば「○」（写真右）。バーは斜めにならず、肩のラインと並行に。肩が回らず、バーだけ回るのはNG

POINT

傾斜でも同様に90度回れれば「◎」。フォロースルーも同様

フォロースルーのスペースが十分にできる胸郭の柔らかさを獲得することで、身体動作的に外角に投げやすくなる

ITEM

肩幅より大きいバーを使って行うことで、肩の回る角度がわかりやすくなる。骨盤ではなく、胸郭で回るのがポイント

体幹トレーニング（腹横筋、腹斜筋）

ナゼやるの？

ピッチングでは腹圧を使うことで、より強い球威を生むことができる。股関節で支点を作り、お腹が力点、指先が作用点として投球動作を行えば、腕への負担も軽減される

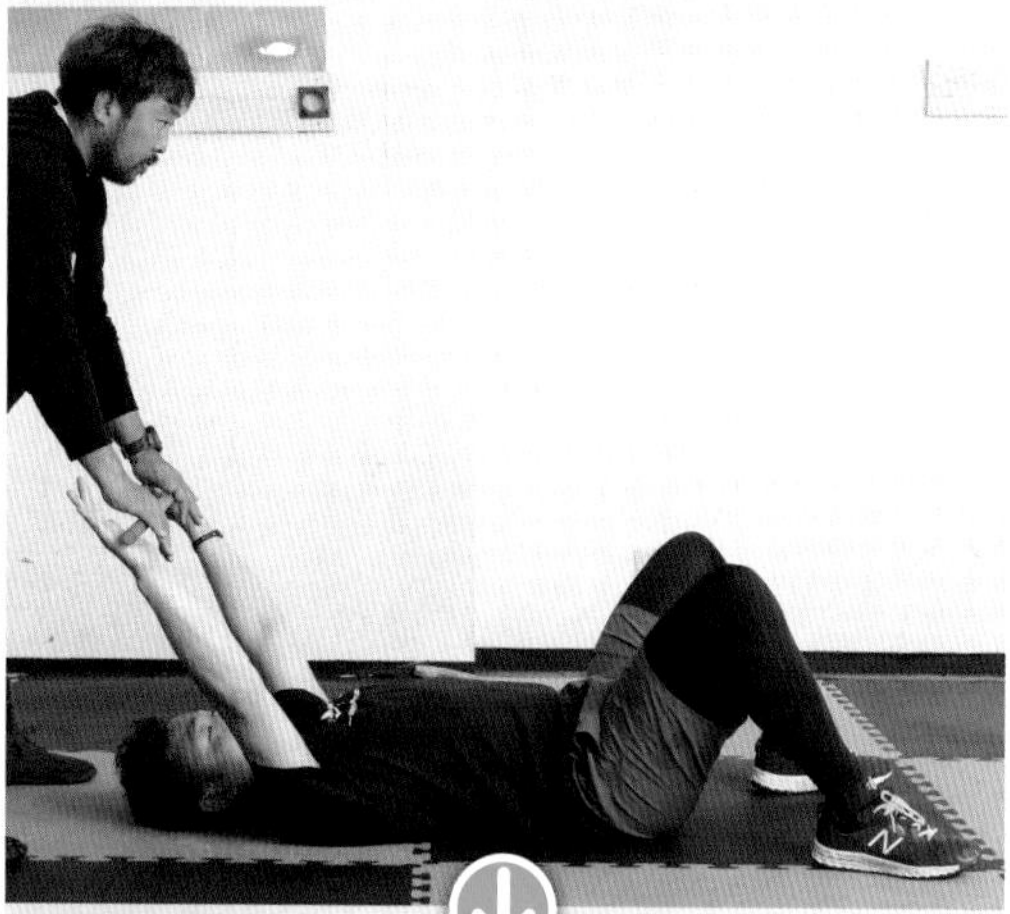

両膝を立て、腕を斜め前に伸ばしたところからバーを前方に下げていく。腕だけでは強い力を生めないが、少し頭を浮かせて背中を丸めながらお腹の力でバーを引っ張っていくと、腕だけで行うより大きな力を生み出すことができる

投球時に腕を抜くように投げる人は、このメニューでもそうした動きになる（写真左）。腹圧を使う意識を持とう

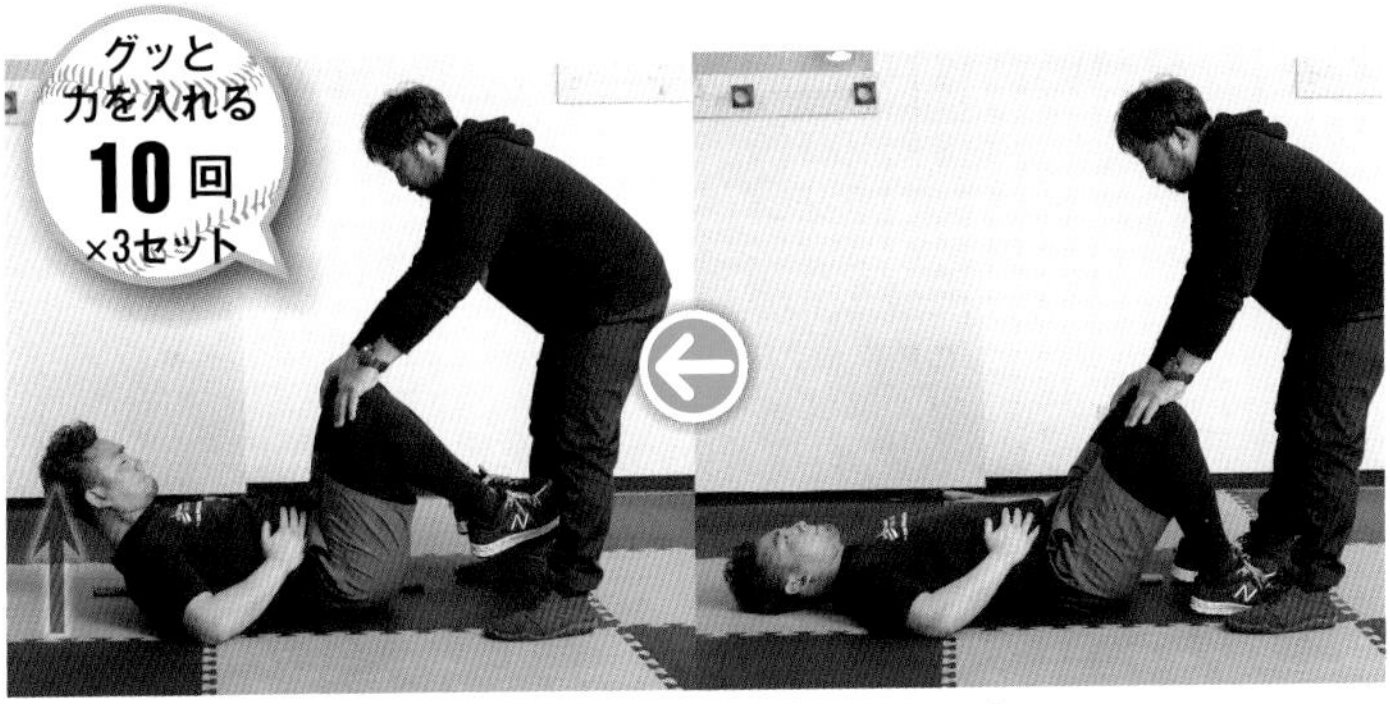

膝を立てて寝た状態から両足を上げる。足だけで行うより、頭を浮かせて背中を丸めて腹圧を使うと力が大きくなる

POINT

投球動作でも腹圧を使い、リリース時にタイミングが合えばボールに強い力が伝わる。P41で説明した弓矢のイメージ

柔軟性トレーニング⑥ 体幹トレーニング（腹横筋、腹斜筋）

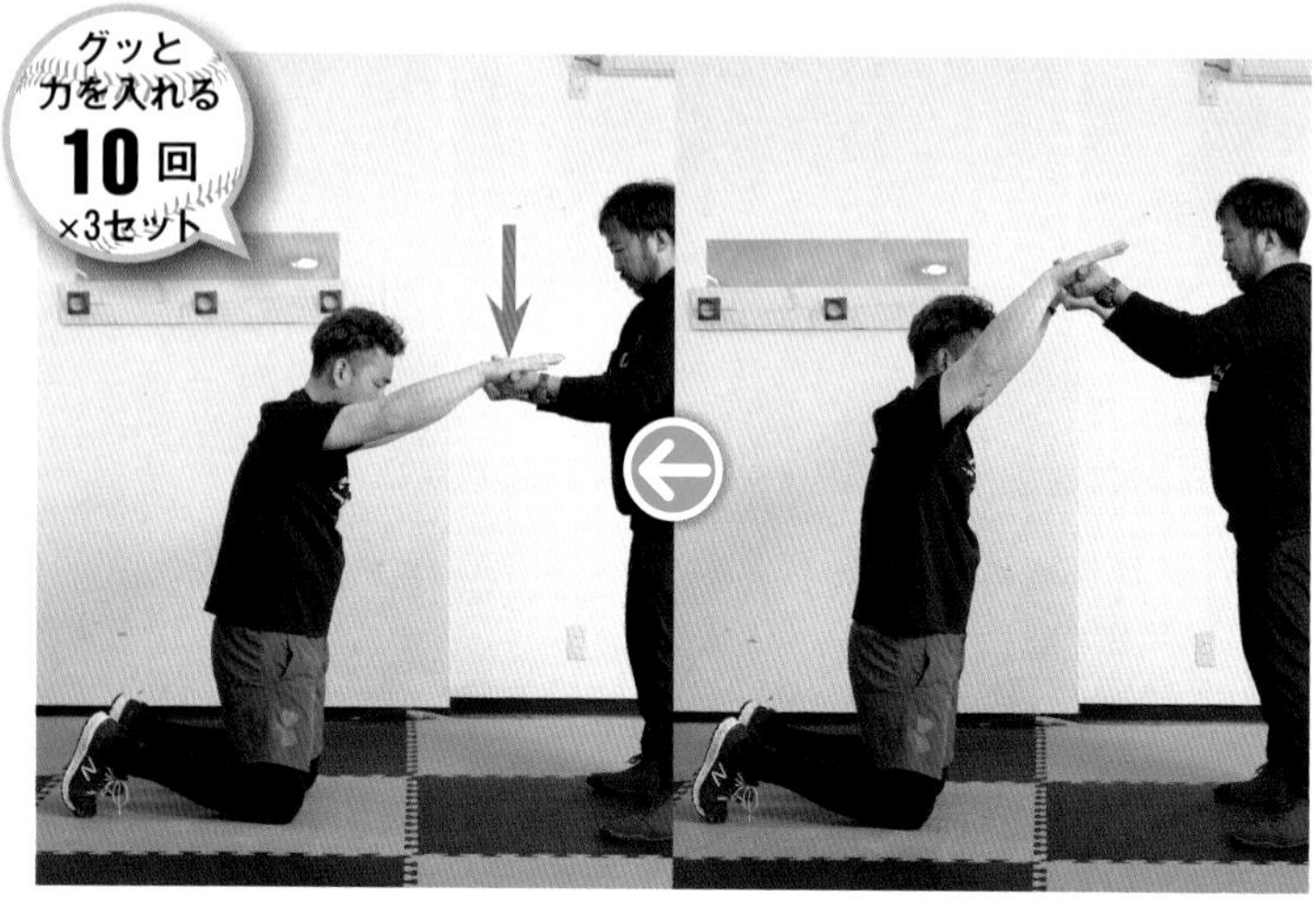

P58のように寝た状態で腹圧を使う動作はやりやすい。立って体幹を使えるように、 膝立ちでバーを下げていく

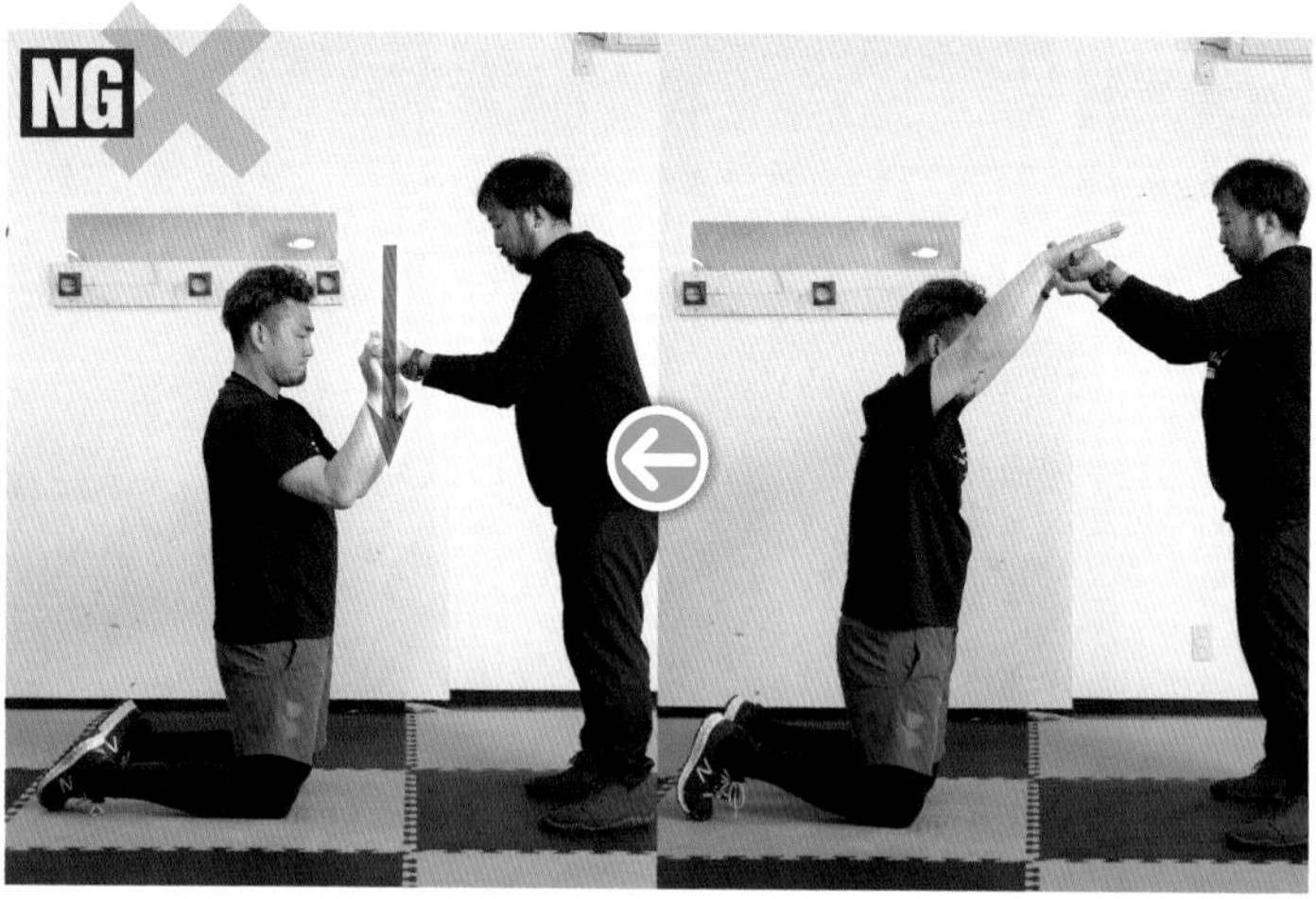

腕の力だけでバーを下げようとすると、肩に負担がかかる。腹圧を使って行えば、肩に負担を感じない

グッと
力を入れる
10回
×3セット

膝立ちでできたら、次は立った状態からバーを下げていく。
腹圧を使い、投球動作のイメージを持って行う

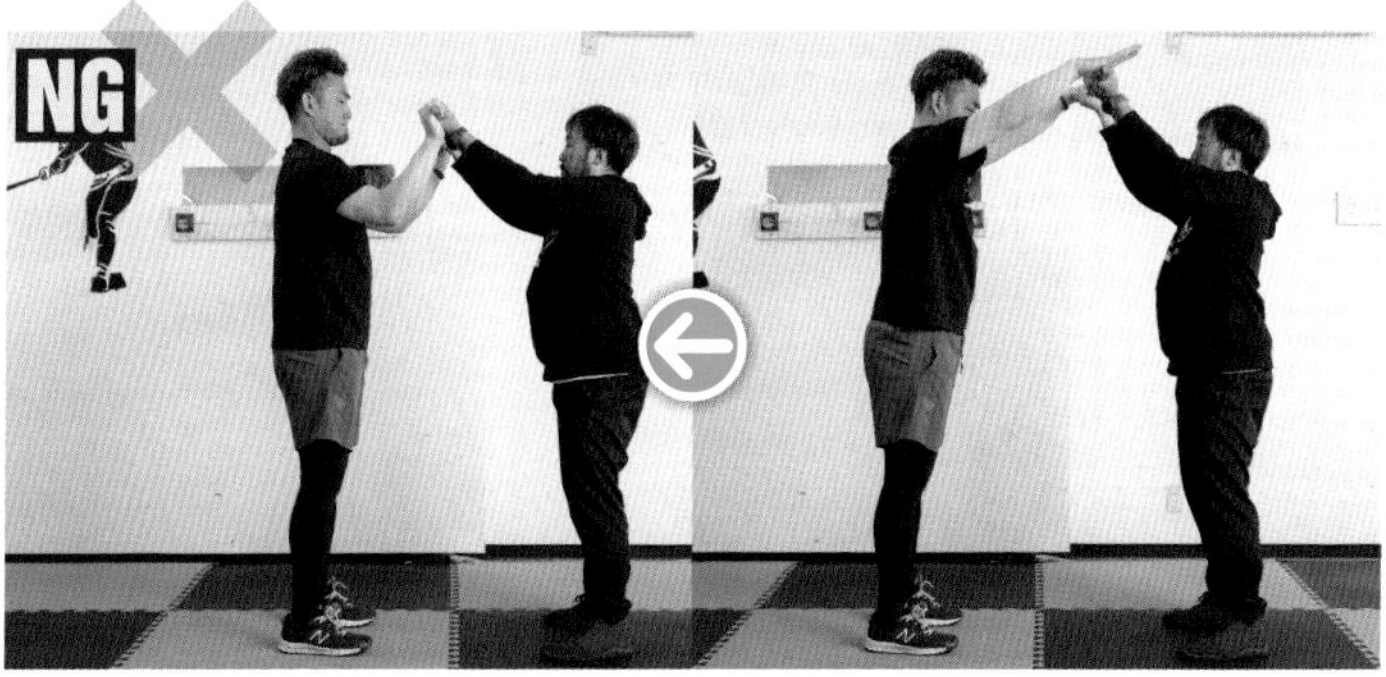

腕の力だけで下げようとすると、バーがブレて難しい。
背中を少し丸めることで、腹圧を使いやすくなる

前足を踏み出して投球時のリリースの体勢に。片足立ちで力を効果的に生むには重心の位置をうまく合わせることが重要。骨盤がしっかり前に乗り、お腹の力を使ってバーを下げていく。左写真のように肘の力に頼るのはNG

筋力トレーニング①

ローテーションベンチプレス（ダンベル）

ナゼやるの？

投球動作の中で胸郭を最大限に使いながら、腹圧の力も込め、肩のローテーションに連動させていくイメージを養う。P64の器具がない場合の代用メニュー

寝転んだ体勢から始めるとダンベルの重さで手が持っていかれる可能性があるので、膝に乗せた状態から始める

ダンベルの重さは「10回上がるかな」という程度のものを選択。膝の上に乗せ、そのまま倒れ込んで寝た体勢に

両足を地面に着け、胸郭の延長線上の外側でダンベルを持つ。胸郭を反らせ、上方へ力を発揮していけるように

お腹に力を入れ、胸部の筋肉を収縮させながら両腕を外旋させてダンベルを上げていく。運動連鎖のイメージを持って行う

両腕を外旋させながら上げたら、ひねった分だけ最初の角度に戻していく。胸郭が引き伸ばされながら、寝転がった体勢へ

胸部の筋肉が縮み、外旋を効かせて両腕を上げることでインナーマッスルも強化。ストレートに上げるのではなく、外旋させることが重要

筋力トレーニング①-②

ローテーションベンチプレス（アイオリンピックバー）

ナゼやるの？

投球動作の中で胸郭を最大限に使いながら、腹圧の力も込め、肩のローテーションに連動させていくイメージを養う。ダンベルより高重量で行いやすいのが利点

グリップが回転するアイオリンピックバーを使用。胸郭が引き伸ばされ、腹圧を使いながら両腕を外旋させて上げる。ストレートバーでは代用不可

投球と同じリズムで実施。「フッ」とお腹に力を入れ、胸郭周辺の筋肉を収縮させながら「パン」で上げる「パン」は投球時に腕を振るイメージ

※アイオリンピックバーがどんな器具かはP66や動画を参照

筋力トレーニング②

ローテーションローイング（ダンベル）

ナゼやるの？

ダンベルを地面に対して垂直に引き上げながら、投球動作の中で腹圧をいかに発揮するかというイメージを養う。腕を外旋させながら引き上げることも重要。

左手と左足を台に着け、胸郭が引き伸ばされた状態に。ダンベルを持った右手を外旋させて垂直に引き上げていく。お腹の力もうまく使おう

重心を置く位置

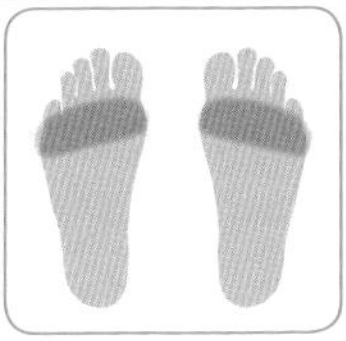

腹圧を使い、胸郭周辺の筋肉を収縮させながら腕を外旋させながら垂直に引き上げていく。かかとが浮くくらいの重心位置。肩を開かないように

ローテーションローイング（アイオリンピックバー）

ナゼやるの？

投球動作の並進運動で前足に乗り、腹圧とハムストリングの力を効かせるイメージ。胸郭を動かしながらこの動作をできるようになると、投球でも大きな力を生める

両足を肩幅くらい開き、両腕を外旋させながらバーを引き上げていく。並進運動で前足に乗ったイメージで行う。広背筋が引き伸ばされた状態から、お腹に力を入れて「フッ」と持ち上げ、ハムストリングの力も使いながらバーを引き上げていく

腹圧を使い、胸郭周辺の筋肉を収縮させながら力を生み、両腕を外旋させながらバーを上げていく。かかとが軽く浮くくらいの重心位置

重心を置く位置

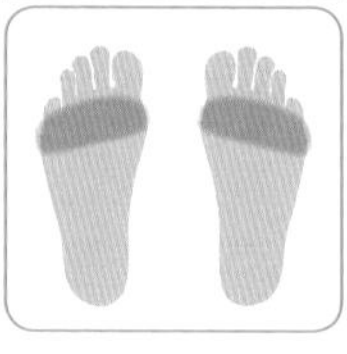

筋力トレーニング③

ローテーション ラットプルダウン

ナゼ やるの？

投球動作で腕を振ってリリースする際、腕と胸郭を連動させる感覚を養う。ピッチング同様、肘を抜かないことが大事。お腹の力も入れ、胸郭主導で行う

お腹に力を入れ、真っすぐ引くより少々遠回りになるイメージで引く。広背筋を収縮させ、胸郭と連動させながら腕を外旋させるとともに引っ張る

前傾にならず、重心を前に置いてハムストリングの力を働かせられるように。胸郭が引き伸ばされた状態

筋力トレーニング④

ローテーション懸垂

ナゼやるの？

投球動作で胸郭とお腹の力を効かせることと、試合で多くの球数を投げられるようにお腹のスタミナを養う。ボール状の器具を使うことで指にかける感覚も磨ける

ボールを指先で握るのではなく、深く握って引っかけておくイメージ。広背筋が引き伸ばされた状態。後ろに円を描くイメージで、両腕を外旋させながら上がっていく

ITEM

ボールに近い形状の器具で実施。投球動作で腕がしなる時、ボールが外に出ていこうとする力を指で支える感覚をつかむ

胸を張り、お腹の力を使って上がっていく。同時に広背筋が収縮されて力を発揮。指先で握ると胸やお腹の力が入りくくなり、深く握った方が楽にできる

膝を浮かせた状態からの懸垂が難しい人は、お尻を地面に着けた状態から行う。広背筋が引き伸ばされた状態

ボールを深く握って指を引っかけ、お腹と胸郭の力を使い、両腕を外旋させながら上がっていく。広背筋が収縮して力を発揮。ボールの上まであごが行くように

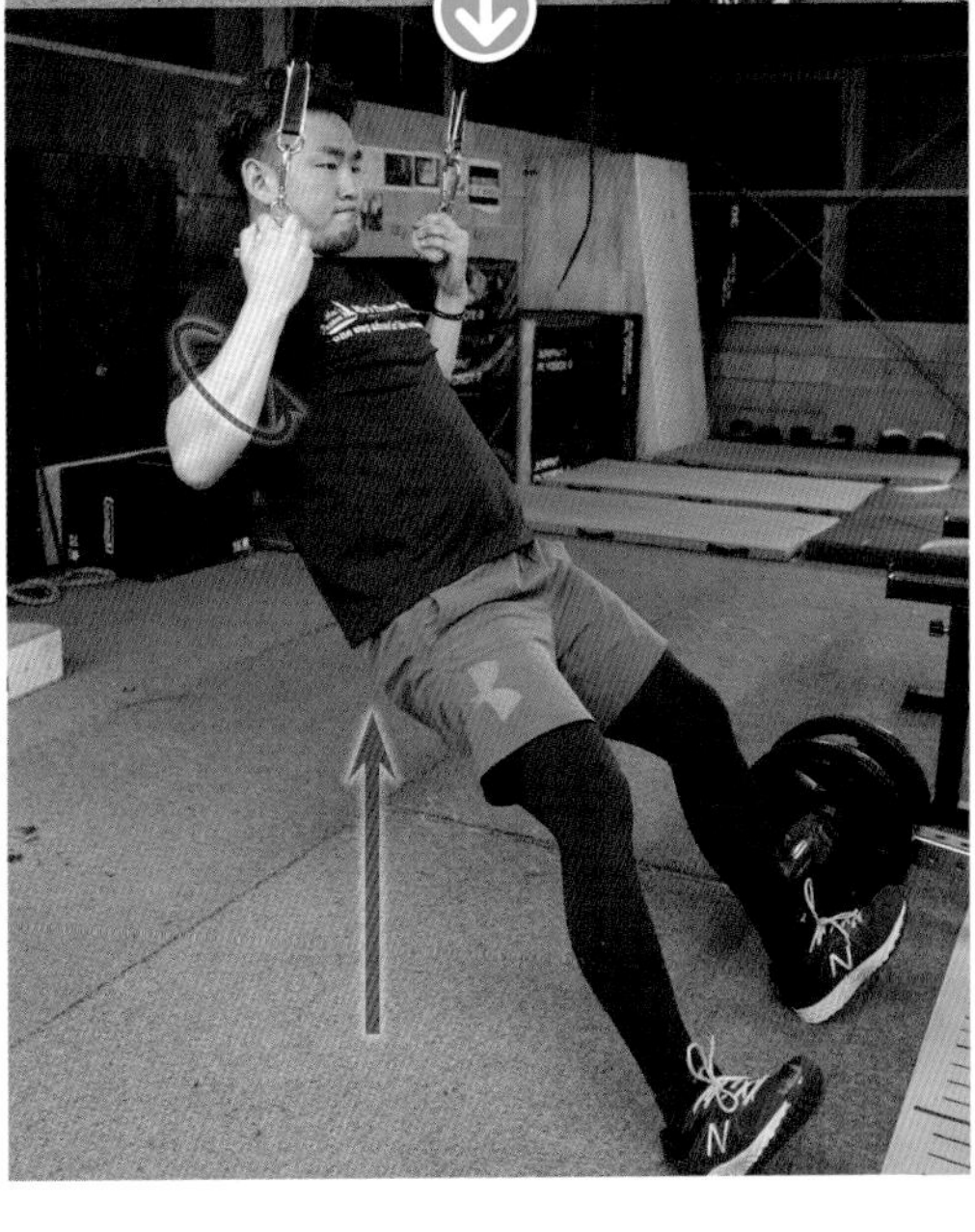

筋力トレーニング④　ローテーション懸垂

吊り輪に指を引っかけるようなイメージで深く握り、両足を後ろに引いてつま先立ちになる。そのまま真上に上がるのではなく、横を1度向き、後ろに円を描くように上がっていく。広背筋ではなく、お腹のトレーニングとして実施

しっかり胸を張り、後ろに円を描くようなイメージで、胸郭とお腹の力で上がっていく。胸郭は反った状態（右）から、丸めて力を発揮（左）。真上に上がると広背筋のトレーニングなるので、しっかりお腹を使って取り組もう。両腕を外旋させることもポイント

筋力トレーニング⑤

セーフティーバー ワイドスクワット

ナゼ やるの？

バーを持つ手が前にあることで、投球動作中に胸郭を丸く使って力を発揮するイメージをつかみやすくなる。ストレートバーを後ろで持つと胸郭が張ってしまう

重心を置く位置

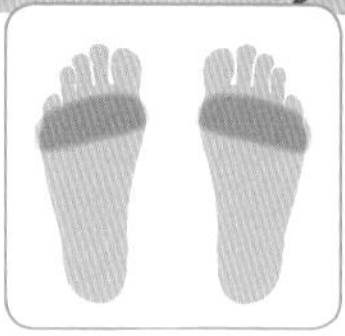

股割りをしっかりできる人は足を広く開いて行う。硬い人はスクワット時に膝が中に入らないよう、幅を狭めて行う。お腹の筋肉を使いたいので、なるべくベルトは使わないで実施

筋力トレーニング⑥

フロントスクワット

ナゼやるの？

投球動作で並進運動を終えた際、股関節にしっかり乗るイメージを養う。胸郭を張ると膝が上がってこないので、胸郭を丸く使う感覚もつかむことができる

重心を置く位置

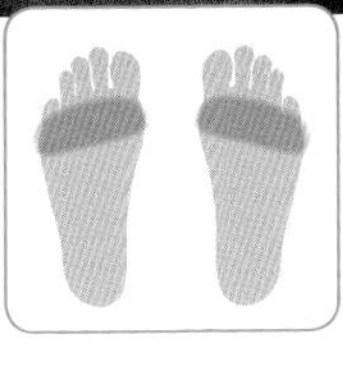

通常のシャフトにストラップを巻いて行うことで、肘の動きが制限され、スクワットをしやすくなる。お腹とハムストリングの力を効かせるように意識。両足を外旋させることもポイント

筋力トレーニング⑦

セーフティーバー バックランジ

ナゼやるの？

投球動作ではかかと体重にならず、胸を張りすぎないで、並進運動の際に頭を突っ込まないことが重要。このトレーニングを通じてそうした感覚を体で覚える

かかと体重にならず、母趾球と小趾球で立つ。胸を張りすぎると頭が突っ込みやすくなるので注意。お腹に力を入れた状態から始めることでハムストリングの力が発揮され、足が外旋してお尻の筋肉も働く

重心を置く位置

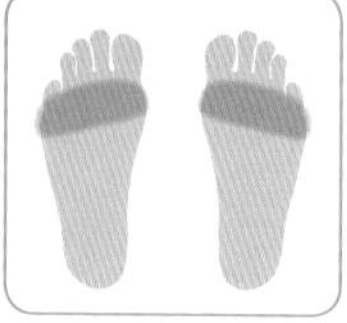

投球動作で前足を上げるイメージで動き出し、まずは軸足にしっかり乗る。胸を張りすぎないように。次の動作へ移る時には、腹圧を使うように意識

上げた足を後ろへ持っていき、ランジの体勢に。頭を突っ込まず、なるべく前でポジションを作ろう。足を外旋させ、前足のハムストリングとお尻の筋肉に効かせるように

ヘックスバーデッドリフト

ナゼやるの？

投球動作では後ろ足の外旋を効かせることでお尻の筋肉がキュッと締まり、ハムストリングの力をより発揮することができる。さらに腹圧で力を生んで球威をアップ

かかとを少し浮かせ、お腹を前に入れて最初から足の外旋を効かせておくことがポイント。腹圧で上げていく。背筋を伸ばすのはNG

重心を置く位置

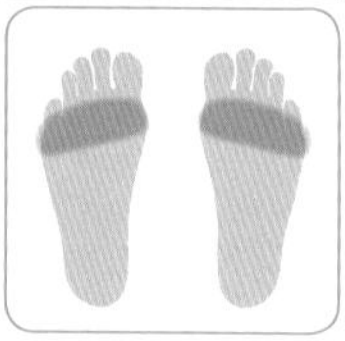

POINT

六角形の中で動作を行えるのがヘックスバーの利点。前後に傾かず、垂直に上げることでトレーニングの効果アップ

広背筋で上げるのではなく、足の外旋からハムストリング、お尻の筋肉、腹圧を連動させ、地面と垂直に上げていく。かかとが少し浮くくらいの重心位置

筋力トレーニング⑨

ザーチャーズスクワット

ナゼやるの？

P73のフロントスクワットがうまくできない人のためのメニュー。かかと重心にならず、両足の母趾球と小趾球で立つ。投球動作のように、胸郭を丸めて動くイメージをつかむ

抱えやすくするため、ヨガマットを巻いたバーを使用。胸郭に丸みを作り、お腹に力を入れ、両足を外旋させながらスクワットをしていく。かかとが少し浮くくらいの重心位置

重心を置く位置

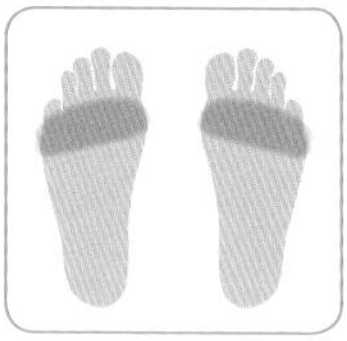

筋力トレーニング⑩

プッシュアップ

ナゼやるの？

投球動作で胸郭の丸みをしっかり作れることが大事。そのイメージをつかむために取り組もう。ベンチプレスやダンベルを使ったメニュー（P62～64）の代用として行う

最初の体勢では胸郭周辺の筋肉が伸びた状態に。お腹に力を入れ、両腕を外旋させながら胸部の筋肉を収縮させて上がっていく。プッシュアップバーを使うことで胸郭の丸みを作りやすくなる

筋力トレーニング⑪

ブルガリアンスクワット（ダンベル）

ナゼやるの？

投球動作で前足を踏み込んだ際、前足の膝やハムストリングや外旋筋、胸郭をうまく使い、並進運動で生み出した力をしっかり前に伝えていけるように動きの感覚を養っていく

前足を踏み込み、後ろの足は台の上に。右手でダンベルを持ち、スクワットで下に行く。前足の膝が割れず、後ろ足の大腿四頭筋に力が入らないように

重心を置く位置

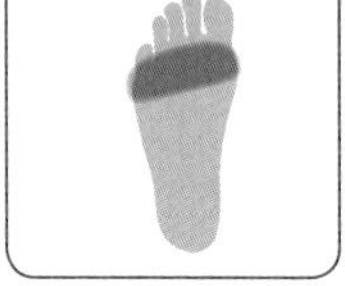

後ろ足に力が入っていると前に沈めない。前足は母趾球と小趾球で地面に着き、かかとが軽く浮くくらいの重心位置。胸を張りすぎず、スムーズに前に行けるポジションを見つけよう

膝が割れないようにすることもポイント。力が横方向に逃げず、しっかり前に伝わるように意識して行う。お腹の力を働かせながら、後ろ足を外旋させることでハムストリングとお尻の筋肉にも力を働かせる

筋力トレーニング⑫

ベルトスクワット

ナゼやるの？

足で地面を押して力を生み出すイメージを養うことができる。重い器具を担いで行なうわけではないので、上半身に不自然な動きが生まれにくいことがメリット

重心を置く位置

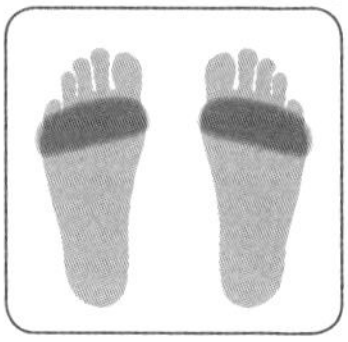

投球動作でボールを持って構えた時のイメージでスタート。お腹に力を入れ、かかとが軽く浮くくらいの重心位置。重さは10kgくらいでOK。胸を張りすぎないように

両手を腰に持っていき、体の重心を落としながら両足を外旋させてハムストリングに力を効かせてスクワットをする。十分に深く沈んだら、地面を押して獲得した力で体を押し上げるイメージで、元の体勢に戻る。スクワットがうまくできない人は、このメニューを繰り返して感覚を養おう

ペンタゴンバー

ナゼやるの？

重いものを持ちながら体を柔らかく使うことで、投球動作でも力まずパワーを発揮できることを目指す。頭を突っ込まず、胸郭主導の動きを体に覚えさせる

胸郭シュラッグ前後

重心を置く位置

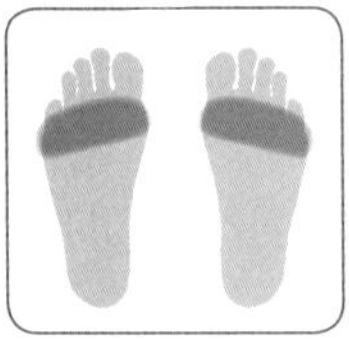

頭を前に動かさず、重心を保ったまま胸郭を動かすイメージ。お腹に力を入れながら、両足を外旋させてハムストリングに効かせる

バーを上げる幅は少しでOK。手や肩で持ち上げるのではなく、胸郭の開閉でバーを上げていく

重心を置く位置

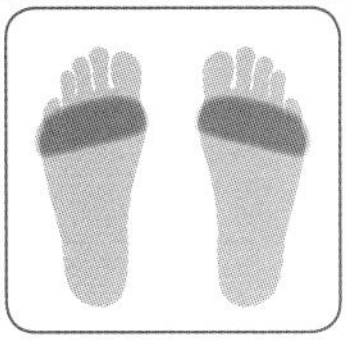

足を肩幅で広げて立つ。前傾になるので、自然にかかとが着く。お腹に力を入れ、頭の位置は前に行きすぎないように

肩にパットを乗せ、胸郭を丸めながらスクワットをする。立ち上がる時は肩ではなく、胸郭で上げる感覚で行う

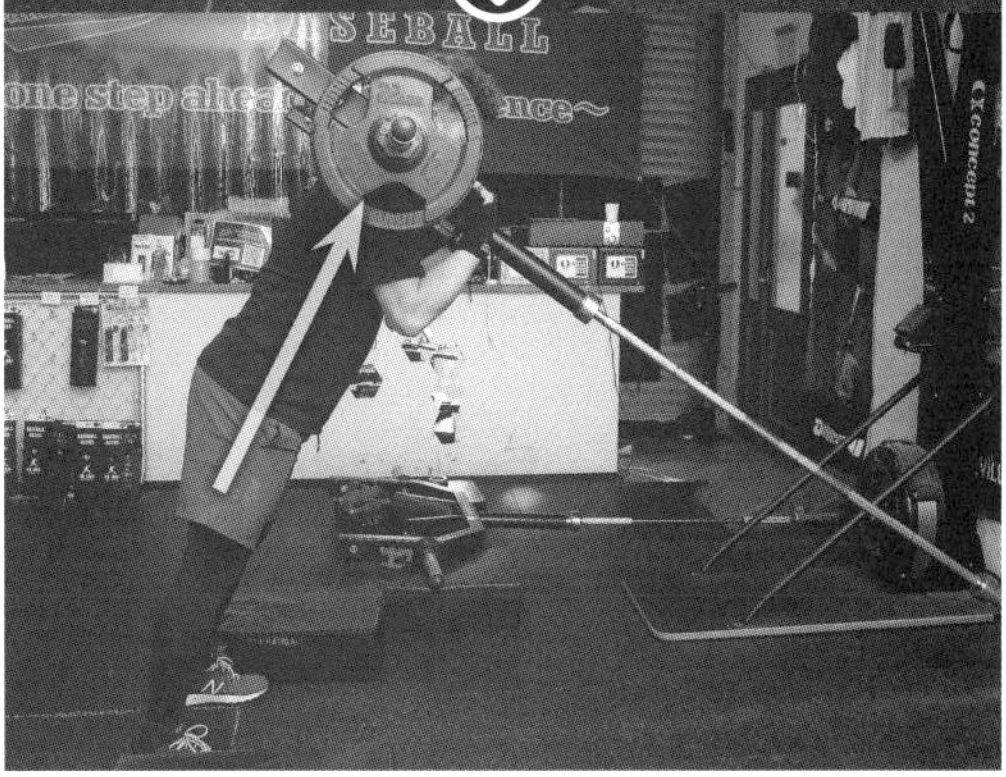

ペンタゴンバースクワットは斜めの動きなので、重心位置を前に持っていきやすい。お腹に力を入れながら両足を外旋させてバーを上げ、ハムストリングにも効かせる。投球時に前足に乗る感覚も養える

筋出力トレーニング① ペンタゴンバー クリーン

重心を置く位置

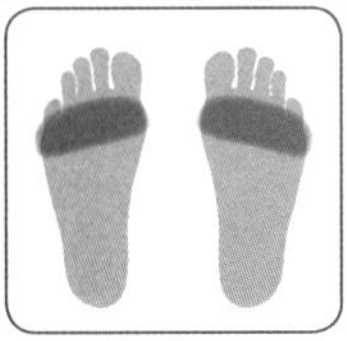

膝を少し曲げた高さでペンタゴンバーを持ち、お腹の力を働かせながら両足を外旋させ、ハムストリングの力を効かせる。胸郭は柔らかく使うイメージ。バーを上に持っていきながら手首を返してクリーンを行う

ストレートバーでは胸が反り、力が後ろに働く。ペンタゴンバーでは前に推進力が働き、野球の動きに近くなる

筋出力トレーニング① ペンタゴンバー 胸郭横

重心を置く位置

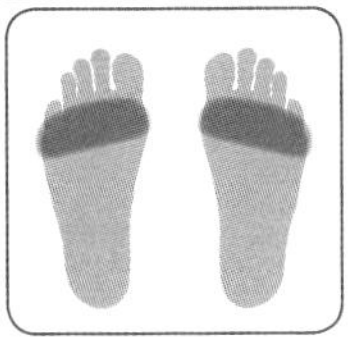

ペンタゴンバーに重りをつけずに行う。足は肩幅よりやや広めに。両肩にパットを乗せ、お腹に力を入れ、やや前傾姿勢で立つ。かかとが少し浮くくらいの重心位置。頭の位置は動かさず、胸郭を開いて左右に動く。投球時の並進運動や、守備時の動きにもつながるイメージ

筋出力トレーニング②

ボックスジャンプ

ナゼやるの？ 投球動作の際、お腹と胸郭を連動させて力を生み出していくイメージをつかむことができる。飛ぶ時に腕をうまく使うことが必要で、打撃や走る動きにも通じる

足で飛ぶ人が多いので、まずは正座をして足を使えない状態で行う。平地で始め、感覚をつかんだら高さをつけよう

スキーのジャンプのように前傾になり、お腹と胸郭を連動させて飛ぶ。足を使えないので、お腹の力が不可欠になる。胸郭は丸める（上）、反る（中）、丸める（下）というイメージで使う

お腹に力を入れ、丸めた胸郭を反らせて斜め上方向に力を生み出すイメージで飛ぶ。腕の振りをうまく使うこともポイント

足を上げるだけでなく、お尻を膝より上に持っていけるようにジャンプする。かかとまでボックスに乗る。お腹とハムストリングの力を効かせることで跳躍力が増す

筋出力トレーニング② ボックスジャンプ

ジャンプしてボックスに乗り、降りて再びジャンプを連続で実施。かかとが少し浮くくらいの重心位置。お腹に力を入れ、ハムストリングと外旋を効かせ、胸郭を柔らかく使って跳ぶ。お尻を膝の上まで持ち上げるように

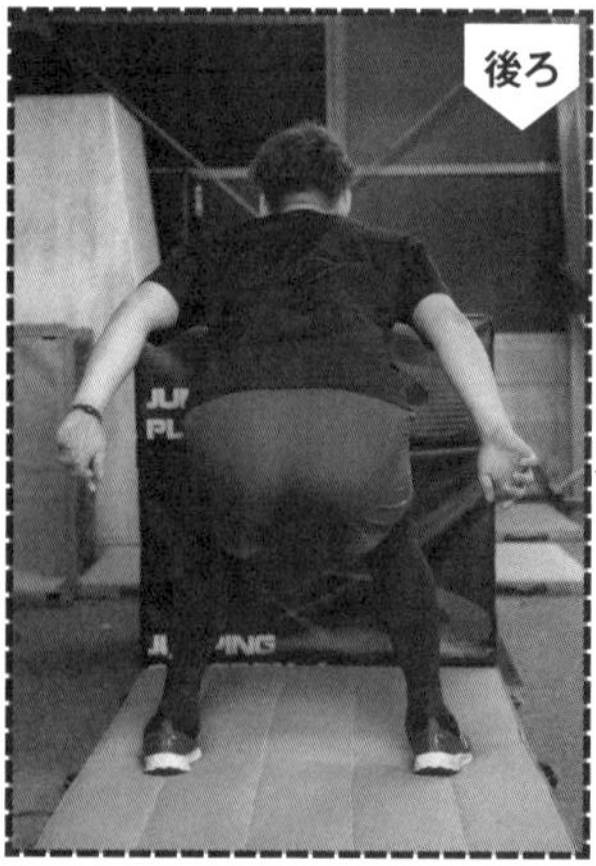

NG

ジャンプしてから下に降りる際、膝が内側に入ると足のアーチが潰れるのでNG。膝が割れないように意識

重心を置く位置

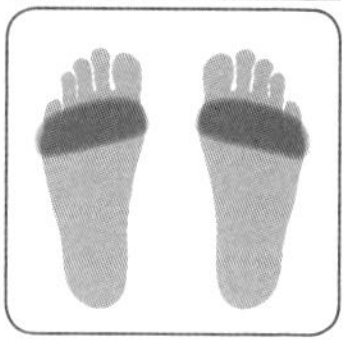

腕をうまく使って飛ぶことが重要。両足の外旋を効かせ、腹圧を使うことで大きな力を生める。連続ジャンプ

野球には投球、打撃、走塁などローテーションが加わった動きが多い。直線のジャンプができたら、次は横の状態から飛ぼう

NG

腕を縦に振ると大きな力を生み出せないので、横に使って力を発揮する。かかとまでしっかりボックスに乗るのが正解

筋出力トレーニング② ボックスジャンプ

両足ジャンプができるようになったら、同じ意識で片足ジャンプを連続で行う。前足のかかとを少し浮かせたくらいの重心位置。お腹に力を入れ、ハムストリングと外旋を効かせ、胸郭を柔らかく使ってジャンプ。連続で跳んでいく

重心を置く位置

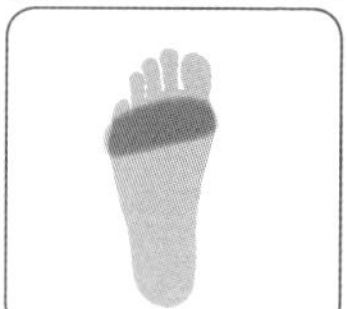

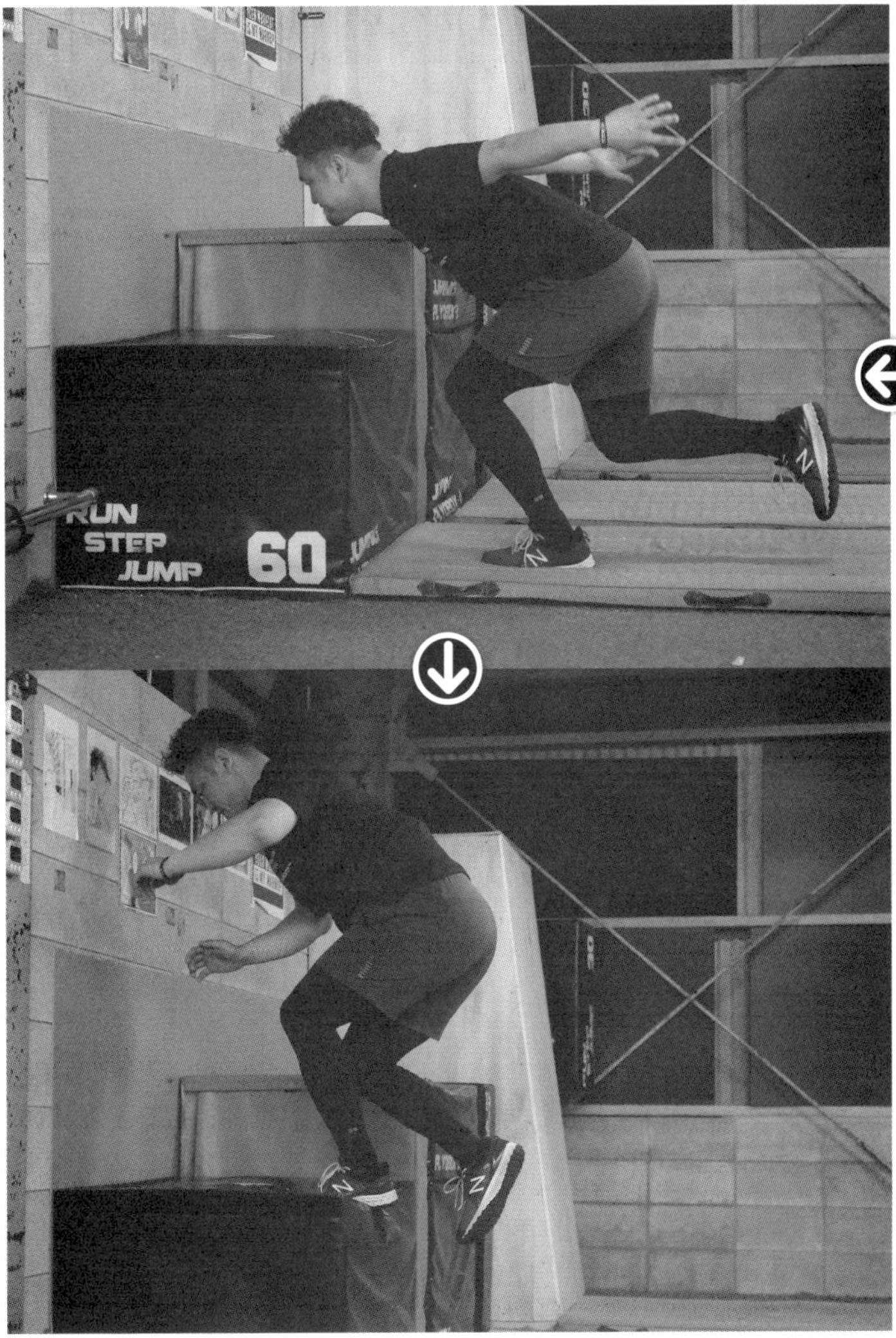

腕をうまく使い、足の外旋を効かせてジャンプ。ボックスに乗ってから降りる際、母趾球と小趾球で着地してアーチをしっかり保つよう意識

筋出力トレーニング③

MBスロー

ナゼやるの？

胸が張られることでお腹が引き伸ばされ、体の収縮から加速につなげて投げる感覚を養う。一連の動作が自然にできるようになれば、投球動作でも同様に力を生める

重心を置く位置

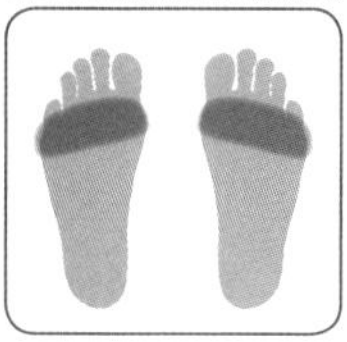

メディシンボールの重さは2kgが基本だが、力がない人は1kgでもOK。足を肩幅に足を広げ、両手で頭の上から投げる

頭が後ろに行きすぎないように。胸郭に丸みを作り、お腹が引き伸ばされ、ハムストリングの力と両足の外旋を効かせ、胸郭を柔らかく使って腕に力を伝えてボールをリリース

オーバーヘッドスロー

次は投球動作に近い体勢で実施。まずは構えて、前足を踏み込んでトップを作るイメージでボールを頭の上へ

胸が張られ、お腹の筋肉が引き伸ばされた状態から、股関節に乗ってうまく力を伝える。前足の膝が割れないようにし、ハムストリングの力をうまく働かせる

胸、お腹の筋肉を加速させながら股関節にうまく乗り、メディシンボールをなるべく前で離すイメージで力を放出する

筋出力トレーニング③ MBスロー

重心を置く位置

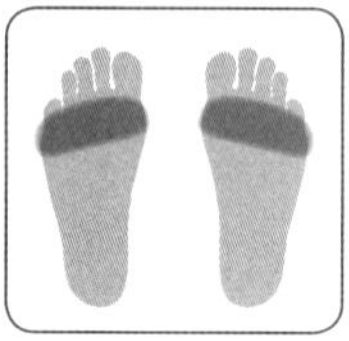

前足を踏み込んでから、腹横筋と腹斜筋、胸郭を効かせてサイドで投げる。バッティングの動作に近いトレーニング

ボールを後ろに置き去りにするようなイメージで、身体の並進運動によってボールをリリース。手の力だけで下から投げるのはNG

前足トップを作ることでお腹が引き伸ばされ、丸みを作った胸郭が引っ張られて生まれる力も加えながら、壁に対して真っすぐに投げる

プッシュトス

足を肩幅に開き、二塁方向を向いて構える。そこからホーム方向へ回転することで足の外旋を効かせやすくなる

セットポジションと同じ歩幅で足を開き、胸の前でメディシンボールを構えて投げる体勢を作る

足、お腹、胸の順番で運動連鎖を起こしながら、腕に力を伝えてリリースする感覚を体で覚えていく

軸足に乗った後、前足を踏み込んで壁に対して真っすぐ出ていく。軸足を外旋させ、ハムストリングを効かせて力を生む

回転することで、後ろから前方向に力を生み出しながら放出する感覚をつかむ。前足の外旋、後ろ足のハムストリングを効かせられるように

前足の膝が割れず、お腹、胸郭を連動させながら、自分の投球フォームに近いイメージでリリースする

筋出力トレーニング④

プライオボールスロー

ナゼやるの？

プライオボールは硬式球より重いため（150g～1kg）、腕の力を使いにくい。その分、お腹を使って力を生む感覚と、リリースをうまく合わせるイメージをつかめる

まずは壁の目の前から正面スロー。グローブをつけ、実際のピッチングと近い状態で感覚を身につけよう

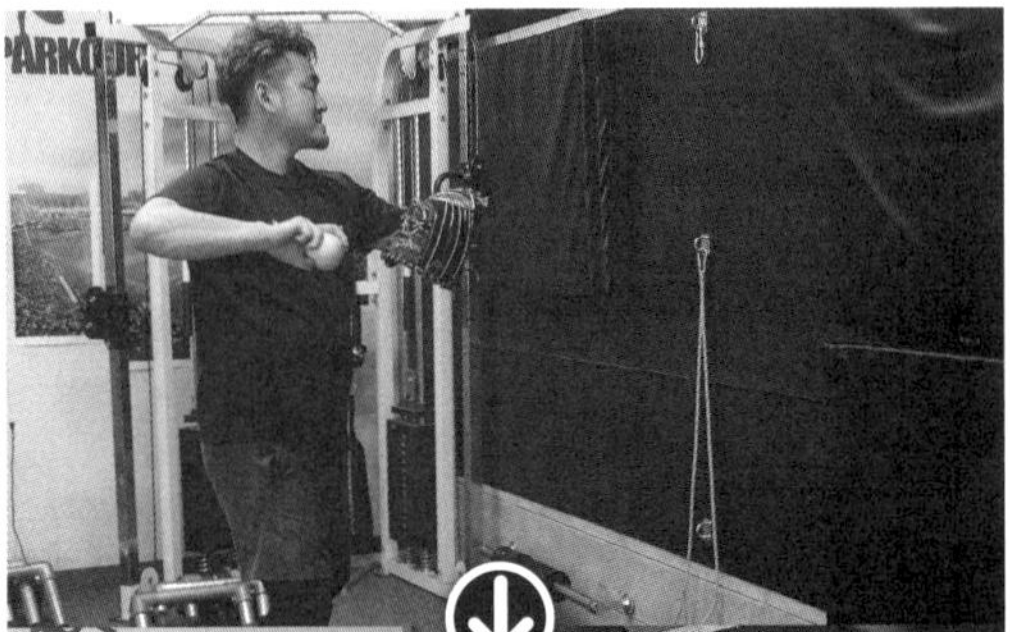

正面を向き、最初から左足に体重を乗せた状態にしておくことで、お腹が引っ張られる感覚をつかみやすくなる

トップの状態から、お腹が引っ張られて、ハムストリングと足の外旋を効かせた力も伝えてリリースへ。腕で力を生むのではなく、お腹も使う感覚を養う

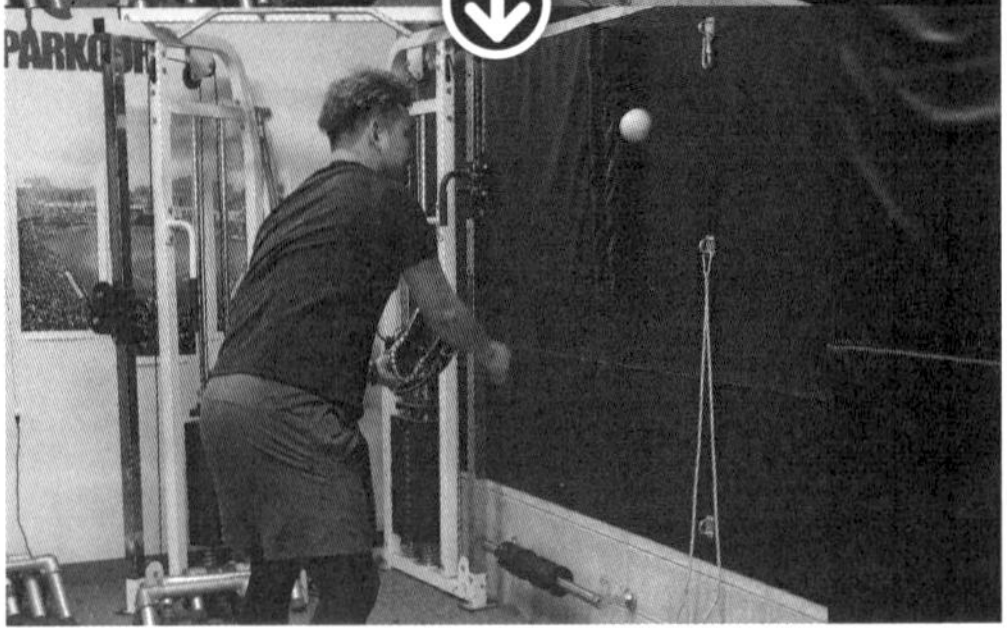

次は前足トップの状態からリリース。P56、57のチェックポイントを思い出しながら、前足を踏み出し、トップを作る

お腹が十分に引っ張られ、そこから生まれた力を胸郭、腕に伝えてプライオボールを壁に向けて投げていく

前足トップをうまく作るには股関節の柔らかさが必要。ボールをリリースし、フォロースルーまでしっかり行う

筋出力トレーニング④　プライオボールスロー

次は前足で力を発揮する感覚をつかむメニュー。前足トップのイメージをしっかり作ろう。まずはセットポジションから左足だけで立ち、右足を浮かせる

右足を前後に数回振り、前足にうまく体重を乗せる。後ろ足ではなく、前足に力を伝えてリリースする感覚をつかむ

前足に乗った状態からトップを作っていく。お腹が引き伸ばされ、ハムストリングと両足の外旋と連動させて力を生み出す。グローブをはめた手をうまく使い、リリースのタイミングを合わせる

前足に乗りながらお腹が引っ張られ、その力を胸、腕と伝えていきながらリリース。フォロースルーまでしっかり行う

筋出力トレーニング④　プライオボールスロー

足を肩幅に開き、二塁方向を向いて構える。そこからホーム方向へ回転しながら正面に向かって投げていく。一塁に牽制球を投げるイメージで実施

前足トップでお腹が引き伸ばされ、その力を使いながらハムストリングと両足の外旋を効かせてリリースする

回転することで、体全体で生み出した力を前方向に伝える感覚をつかむ。力まなくても、強い力を生むことは可能

セットポジションの状態から力まずに投げる。ここまで取り組んできた力の発揮の仕方を振り返りながら行おう

前足に乗る股関節の柔らかさ、お腹を引っ張って力を生む強さがあれば、力まずに強い力を生むことができる。後ろ足の外旋も効かせるように意識

前足にしっかり乗り、前足の外旋を効かせてフォロースルーまでしっかり行う。下半身から生み出してきた力をしっかり前に伝えていく

筋出力トレーニング⑤

スレッド

ナゼ
やるの？

野球では投球動作や走塁など、前傾の姿勢でいかに力を発揮できるかが大事。重すぎず、適度な負荷をかけ、しっかりお腹で力を発揮できる体勢を体で覚えていく

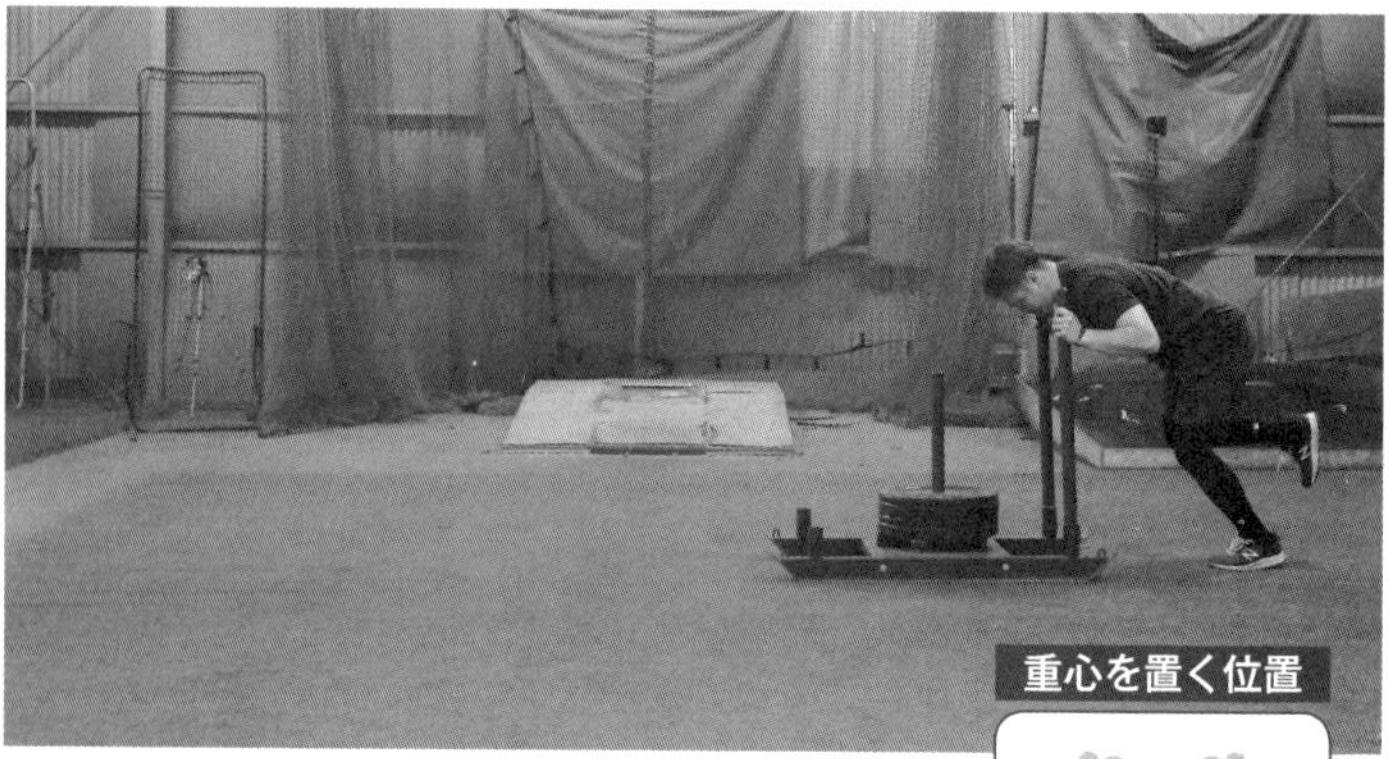

タイヤ押しで代用しがちだが、押す高さがポイント。お腹の力を効かせ、足のアーチを使ってハムストリングと両足の外旋を効かせながら前に進んでいく

重心を置く位置

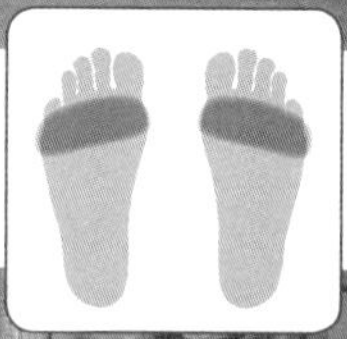

押せるかギリギリの重さを設定し、正しい体の使い方を覚える。直後に走ると、走りやすいフォームを見つけやすい

PART 3

ピッチングの「感覚」を高めよう

この章で紹介するトレーニングは、
「Mac's Trainer Room野球トレーニング専門チャンネル」内の
動画で確認することができます。

4要素を一致させる「感覚」を養うには？

投球パフォーマンスを高めるには、柔軟性、身体操作性、筋量、筋出力をバランスよく高めることが大切だと2章で書きました。これらの４つの要素をピッチングの中で一致させるのが「感覚」です。

感覚を高めるために行うのが「トレーニング」という位置づけです。本書で紹介しているすべてのメニューは、投球動作で必要な感覚を磨くためのものです。トレーニングに取り組む際には、ピッチングをしているイメージを持ちながら行ってください。そうすることで、投球パフォーマンスに結びつきやすくなります。

トレーニングを行う際に意識してほしいのが「姿勢」です。自分にとって楽なポジションで、力を抜いて動いてください。理想の姿勢で動けないと、投球パフォーマンスが一定しにくくなります。逆に言えば、投球動作の中で理想の姿勢を取れるようになることがトレーニングの目的に含まれます。

動きの中でスムーズに身体操作できる感覚を養うために、オススメしているのがパルクールです。もともとフランスで生まれた移動術で、軍事教練や警察官、消防官のトレーニングとして取り入れられました。「走る・跳ぶ・登る」という移動における身体操作を通じ、心と身体を鍛えるスポーツです。私がＧＭを務める東広島ポニーではパルクールコーチにプログラムを組んでもらい、ウォーミングアップの中で取り組んでいます。

　パルクールは平地ではなく、障害物の上で行われます。１章の「姿勢」で「母趾球と小趾球に重心を乗せる」のが理想的な立ち方と書きましたが、パルクールで使用されるレールの上では、かかと重心では立てません。つま先重心で脱力し、身体の筋力をコントロールする方法が自然と身についていきます。これは投球パフォーマンスの向上にもつながる身体の使い方です。

　よく言われる話ですが、昭和の子どもは山の中を走り回り、川で泳ぎ、木を登って遊んでいました。マンションや家の壁、公園のジャングルジムを登り、そこから飛び降りてもケガしないような身の使い方を自然と覚えていきました。

　ところがいつしか、「危ない」という理由でそうした遊びはされなくなりました。ボール遊びをできる公園も限られています。昔は公園や広場にみんなで集まり、自分たちで楽しみながら投げ方や打ち方を試行錯誤して身につけていきました。しかし今は、野球を始めたければ学童野球のチームに入ります。ほとんどゼロから運動を始める少年・少女に、打ち方や投げ方を教えるのは非常に難しいと思います。

一方、パルクールではレールや障害物の上でどうすれば動けるようになるかがプログラムとして構築されており、野球やスポーツをする上で土台となる身体の動かし方を見につけることができます。どのように自分の身体を操ればうまく動けるか、感覚が足りていない選手はパルクールを通じて得られることがたくさんあります。レールの上で養われる重心位置の感覚は、野球と非常に共通しています。

数年前、プランクという体幹トレーニングが流行したのをご存知でしょうか（うつぶせになった状態で前腕と肘、つま先を地面につき、その姿勢を保つトレーニング）。正しい方法で行えば体幹やインナーマッスルを鍛えることができますが、野球には止まって身体を使う場面がありません。動きながら体幹を締めたり、緩めたりできるようになることが大切です。それにはパルクールはうってつけです。

具体的なトレーニング方法を紹介する前に一つ伝えておきたいのは、パルクールのプロが行っている動画を見て、いきなりマネしないでください。最悪、ケガにつながります。例えばパルクールの基本を知らないままレールに土踏まずで乗って立てたとして、その体勢からジャンプします。これは足の裏を壊すためのトレーニングになりかねません。体重が後ろにかかると、膝が伸びて痛めてしまいます。

本来、パルクールの利点は安全性を確保して行えることです。本書でも留意事項を明記しているので、そこを意識しながら導入、実施においてはプロのコーチによる監修、指導の下で行うようにしましょう。身体操作性を高める上で、非常に役立つと思います。

パルクール

ナゼやるの？

自分の重心位置をどうコントロールすれば体をうまく動かせるか、パルクールを通じて感覚をつかむことができる。身体操作性は野球をする上でも土台として必要な能力

両足の母趾球と小趾球をバーに乗せて立つ。肘を少し曲げた状態で手を前に出して立ち、胸郭とお腹でバランスをとってキープ

重心を置く位置

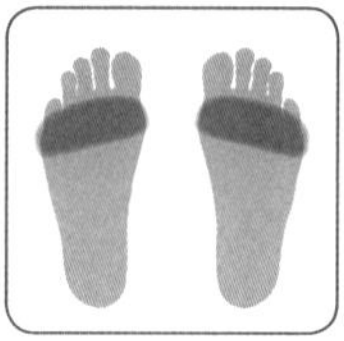

重心を置く位置

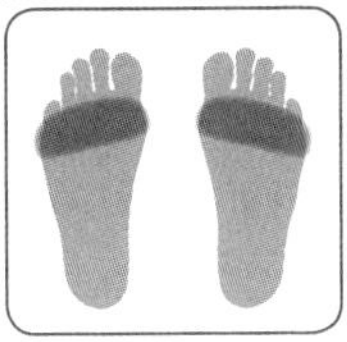

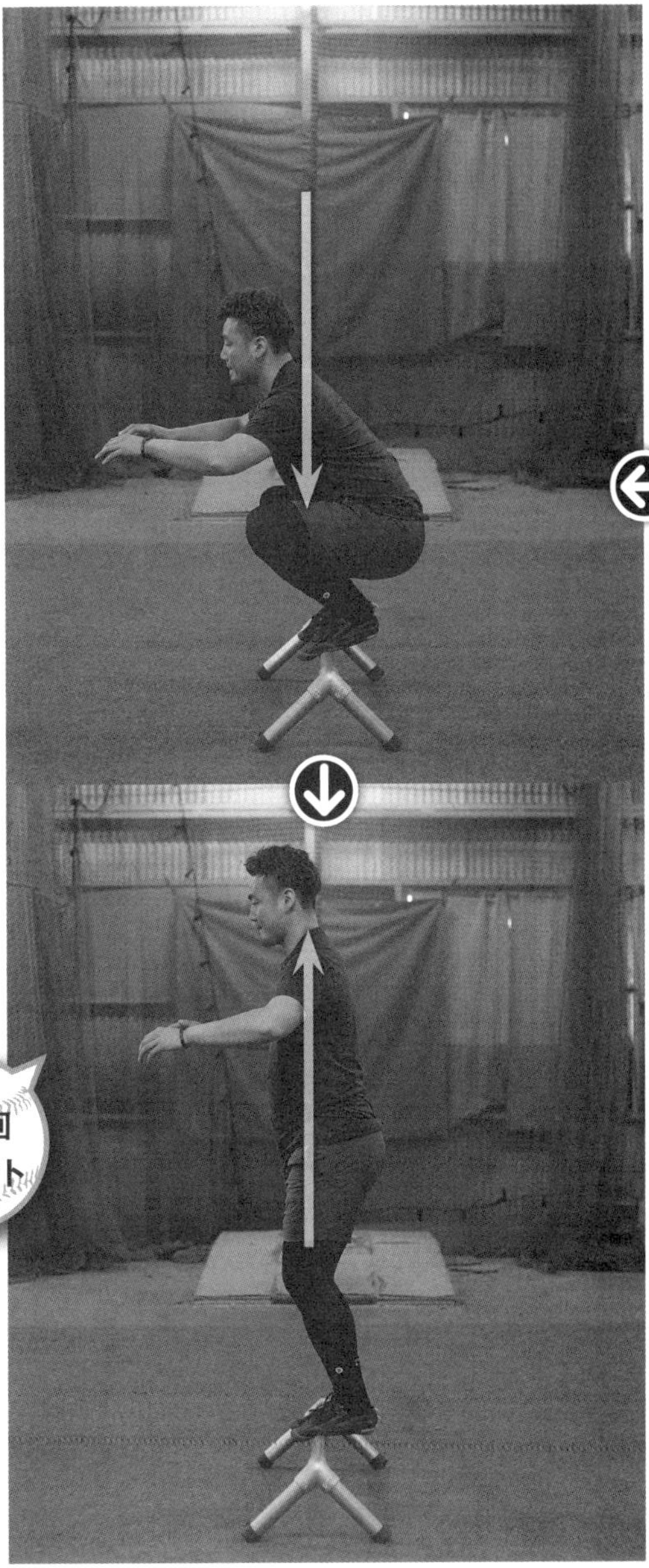

次はその状態からバーの上でスクワットを行う。手や足ではなく、胸郭でバランスをとれるようになるのが理想

10回
×3セット

身体操作性トレーニング① パルクール

バーに乗った体勢を10秒間キープしたら、スプリットスクワットを行う。前後、左右のバランスをうまくとる

足を前後に開いてバーの上に立つ。両足の薬指のラインでバーの上に立ち、お腹と胸郭でうまくバランスをとる

重心を置く位置

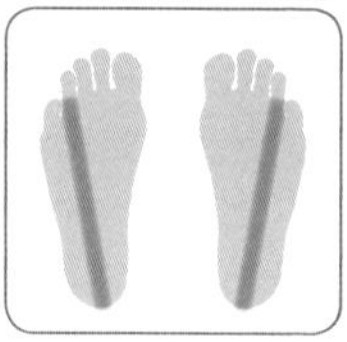

地面に立った状態からバーの上へ連続ジャンプを行っていく。ボックスジャンプと同じ感覚で実施（P88～93）。母趾球、小趾球でうまくバーの上に飛び乗って立ち、地面に降りる動作を連続で繰り返す。バーに飛び乗る際、音をなるべく小さくするように

重心を置く位置

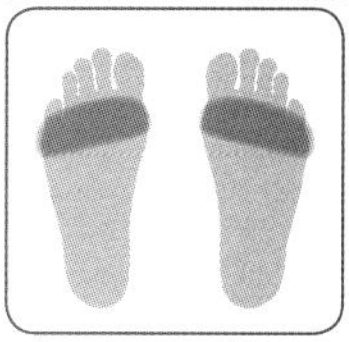

身体操作性トレーニング① パルクール

重心を置く位置

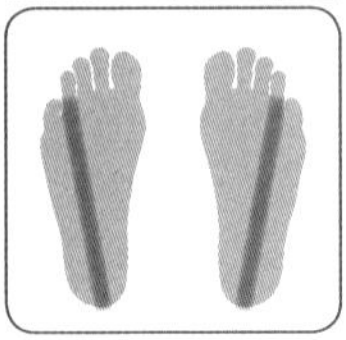

バーの上に前足だけを乗せた状態で立つ。薬指のラインでうまく立ち、前後と左右のバランスをとれるように

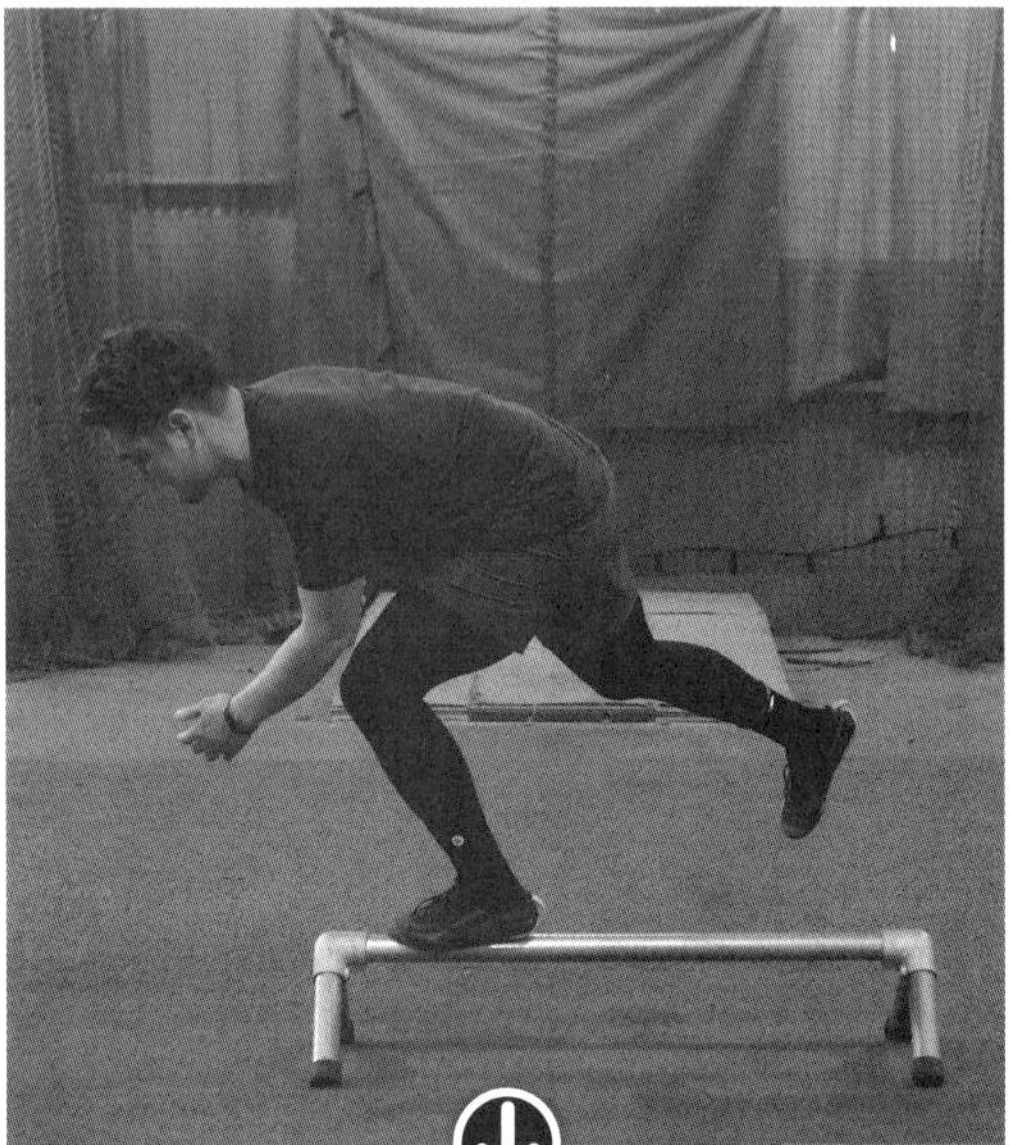

バーの上に片足で立った状態から、利き手でバーの先端にタッチする。投球動作のリリースの時のバランス感覚を養う

重心を置く位置

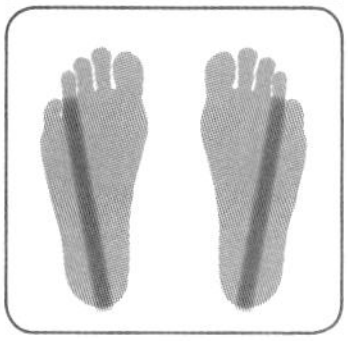

次は少し大きいバーを使用し、深めのスクワットを行う。まずは軸足だけでバーの上に立ち、バランスをキープ。薬指のラインでうまく立とう

片足でバーに乗ってうまくバランスをとれたら、そのままスクワット。地面に足が軽く触れるくらいまで沈み込んでいく

地面に足が軽く触れたら、立ち上がっていく。再び軸足だけでバーの上に立ち、バランスがとれた姿勢を保つ

身体操作性トレーニング① パルクール

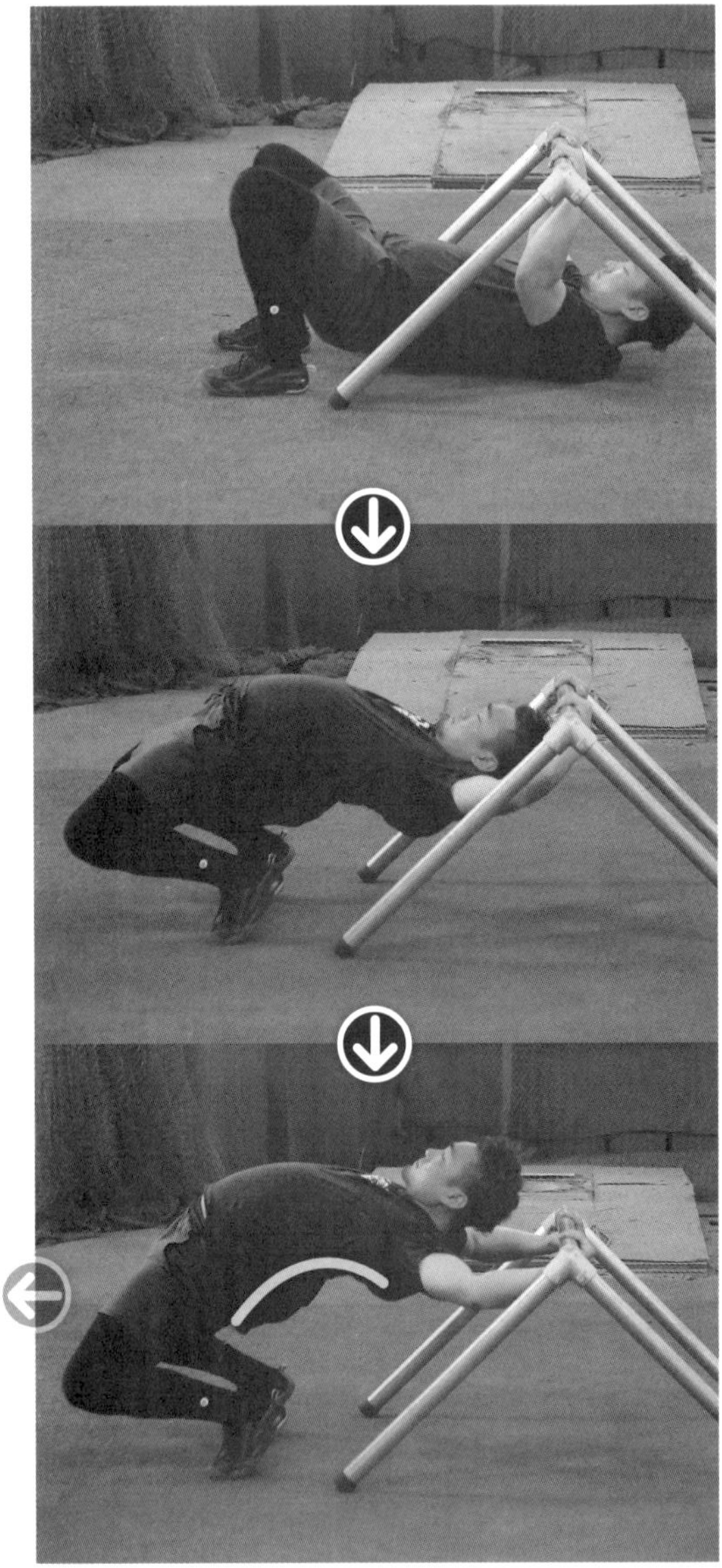

大きめのパルクールバーを使ってブリッジを行う。まずはバーを両手でつかみ、ブリッジを始める体勢に。胸郭を反らせて前に行く

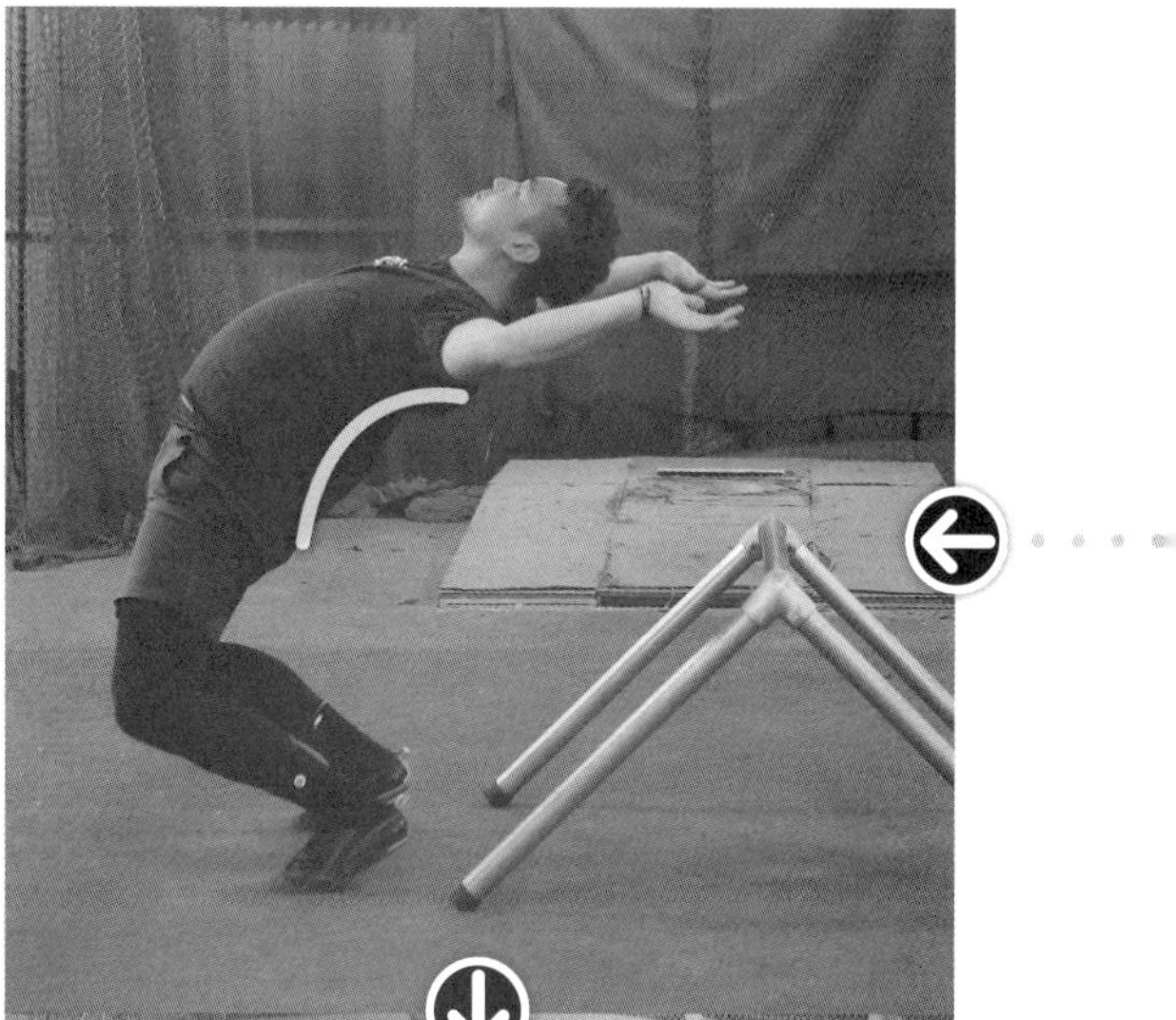

胸郭を反り、ブリッジの体勢へ。前方に行きながらうまく手を抜き、そのままバランスをとりながら立ち上がる

身体操作性トレーニング① パルクール

重心を置く位置

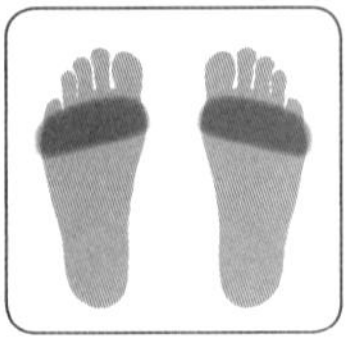

大きめのパルクールバーを乗り越えていくメニュー。まずは利き腕でバーを持ち、前足の母趾球と小趾球を乗せる。ゴロ補球のイメージで行う

バーに乗せた前足を軸として、逆足でバーを越えて前に降りる。ベースまで走りながら、駆け抜けていくような動き

10回 ×3セット

重心を置く位置

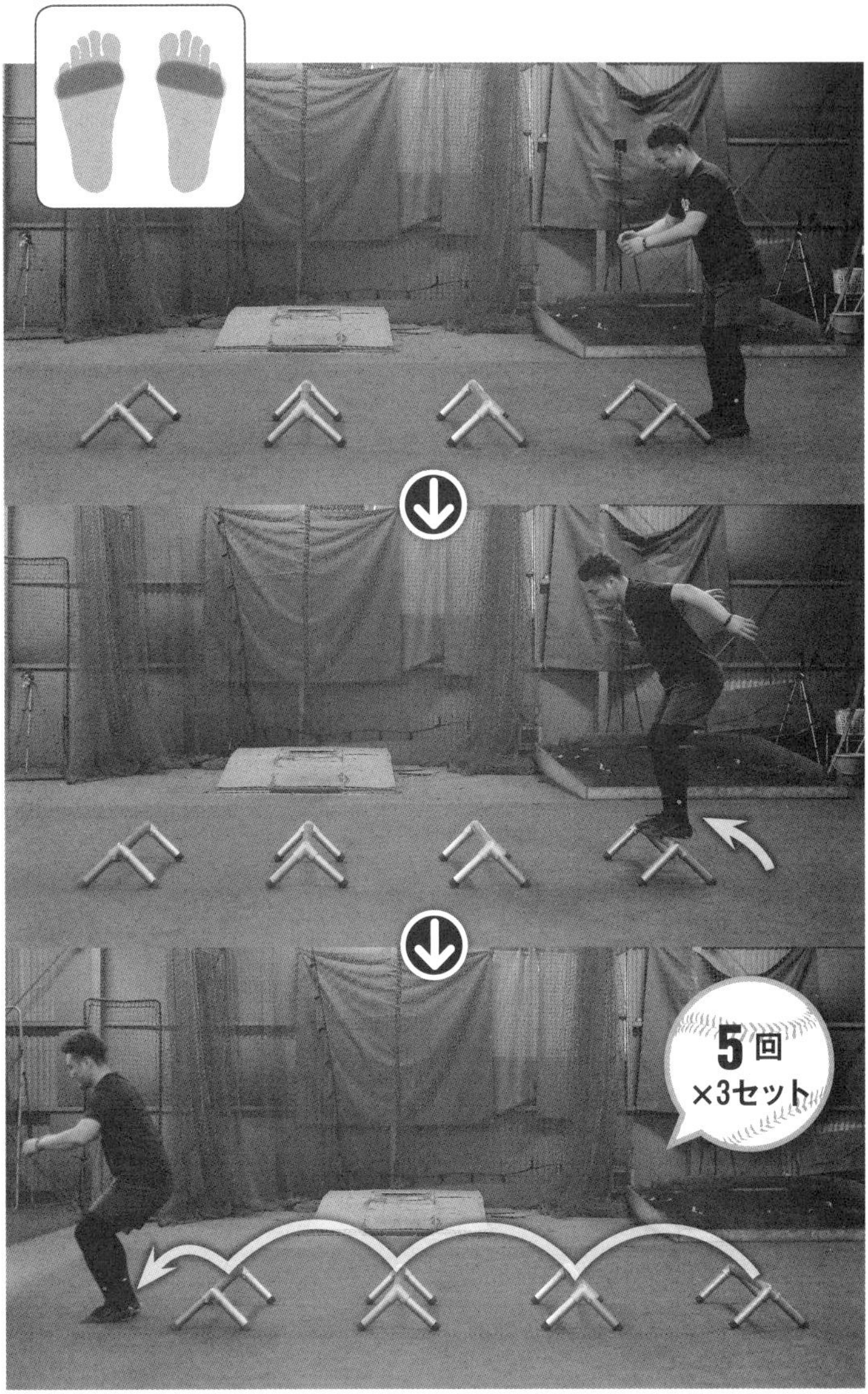

複数のバーを用意して連続ジャンプを行う。膝をうまく抜き、バーの上に着地する際に衝撃がかからないように。前のバーを見る時に顔を下に向けるのではなく、目線を落として確認。姿勢を保ったまま連続ジャンプしていく

身体操作性トレーニング① パルクール

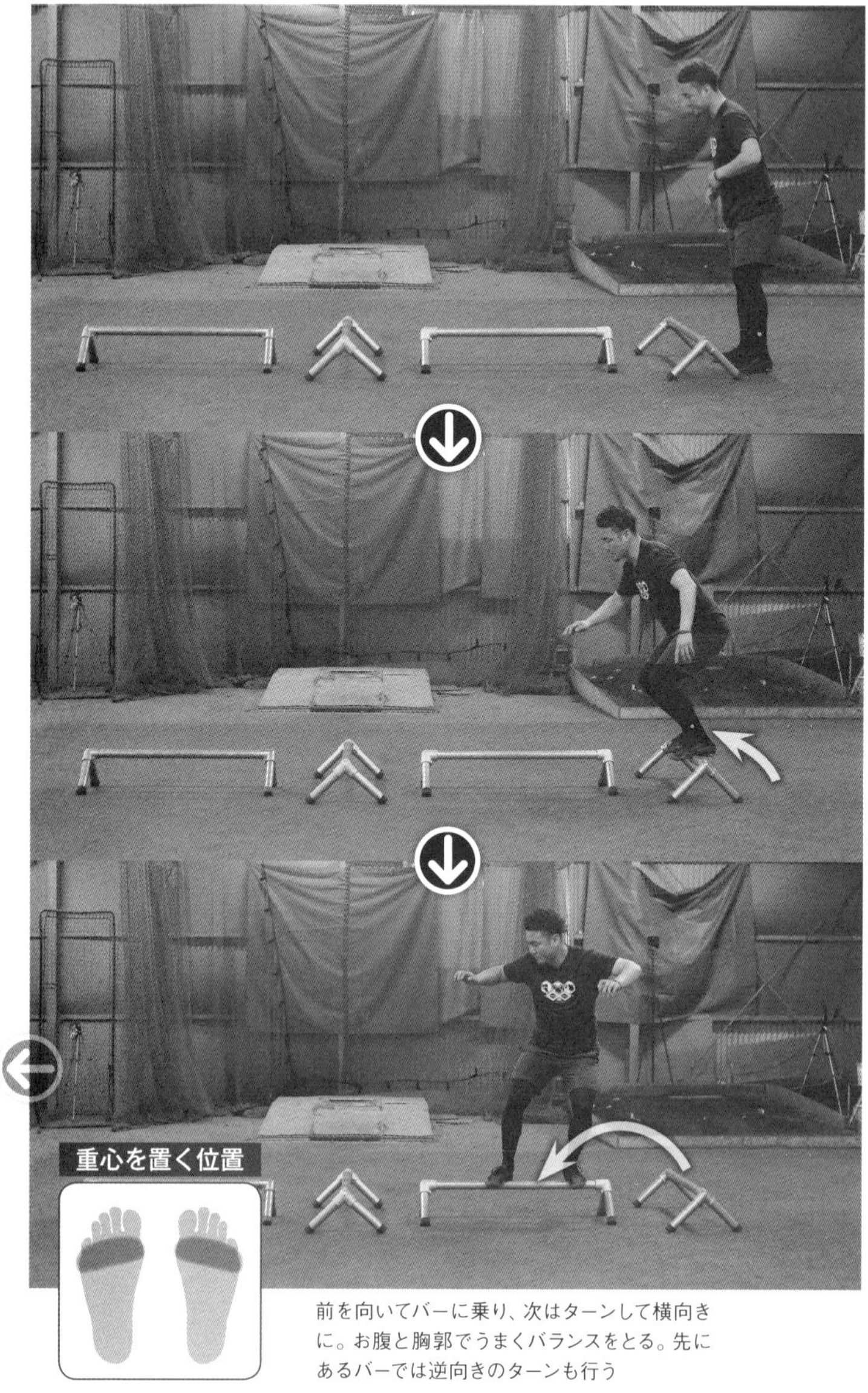

前を向いてバーに乗り、次はターンして横向きに。お腹と胸郭でうまくバランスをとる。先にあるバーでは逆向きのターンも行う

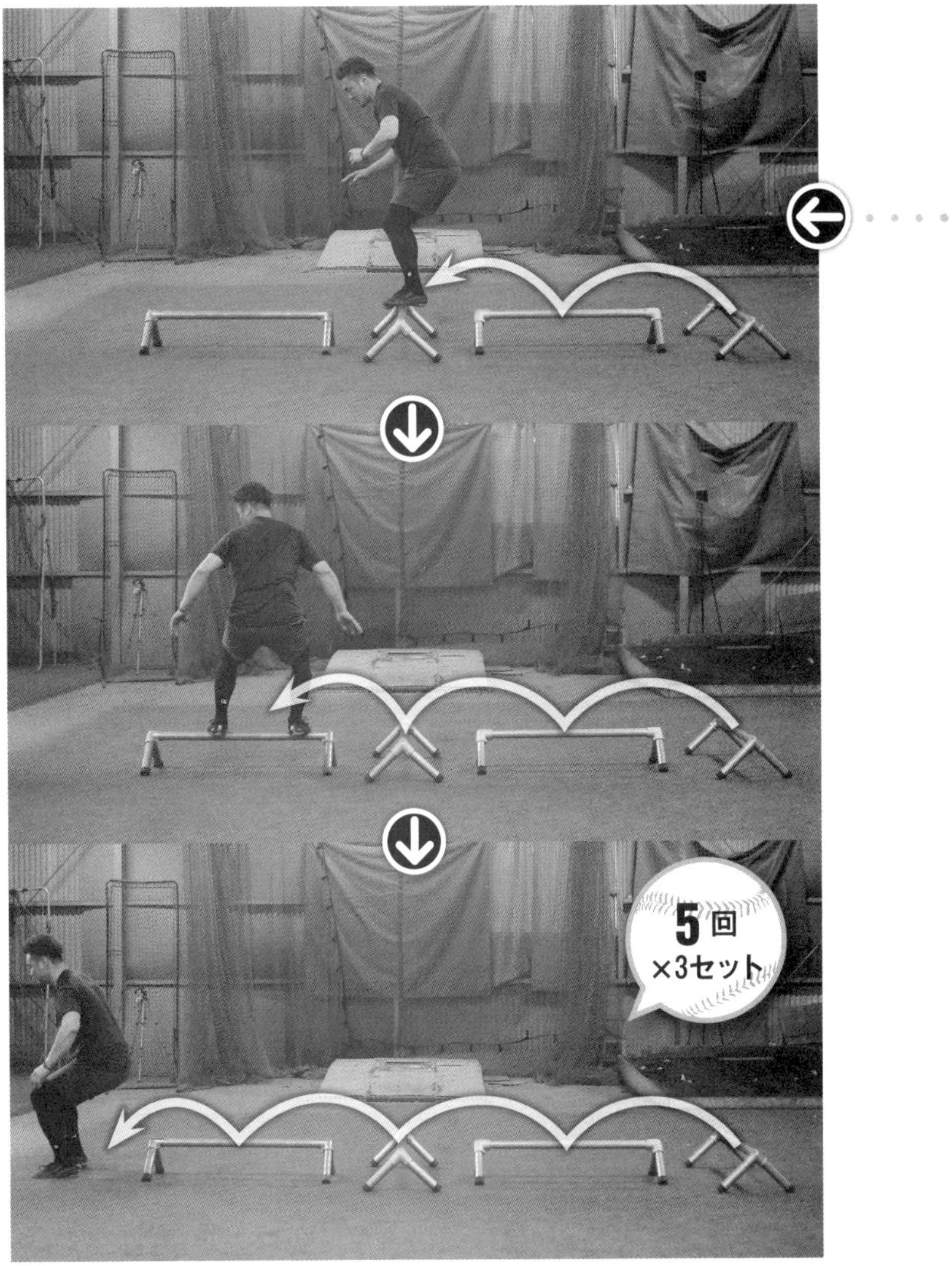

バーの上でスムーズに動けるようになるには、
自分の身体操作がうまく行える動きをイメージ。
感覚と身体操作を一致させる

身体操作性トレーニング① パルクール

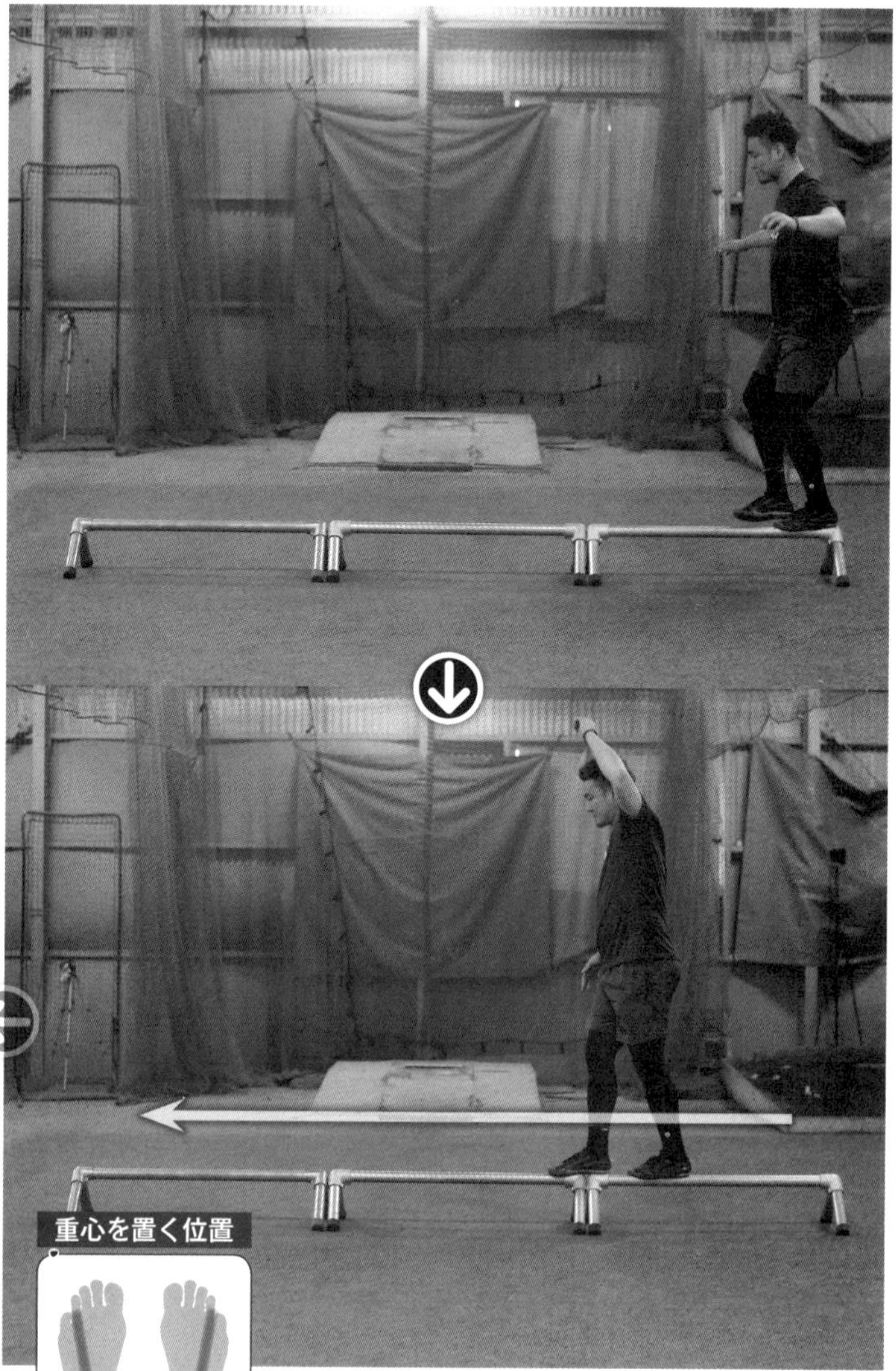

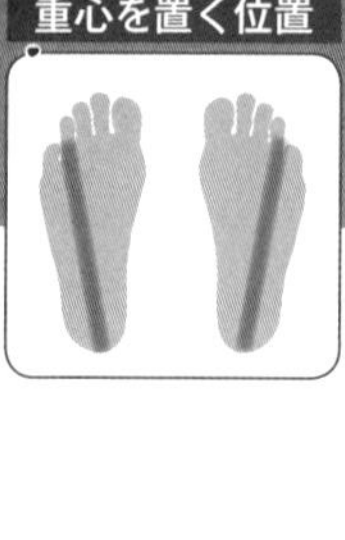

バーをつなげて、その上でバランスをとりながら歩いていく。薬指のラインで立ち、まずは前後に進んでいく

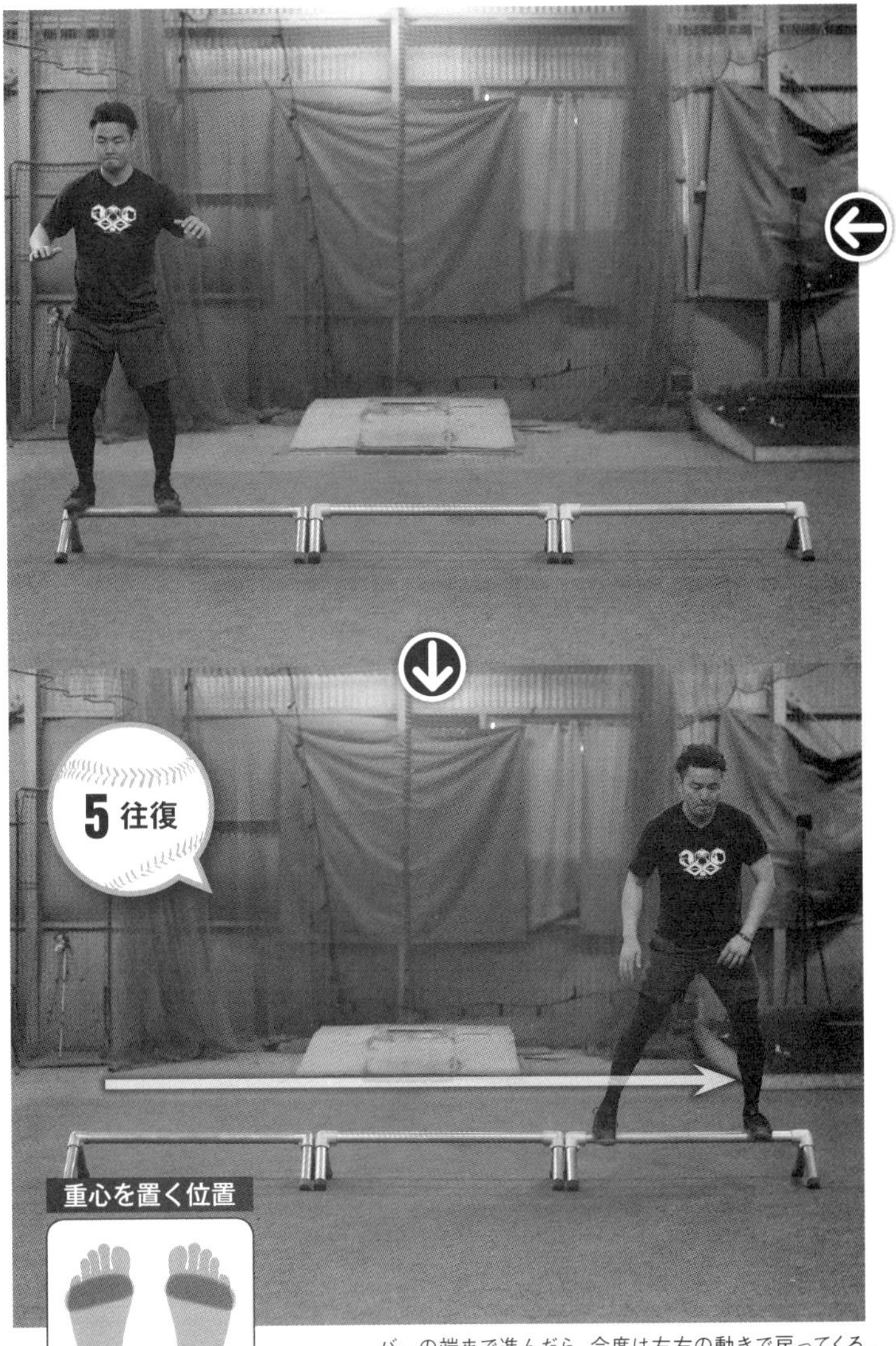

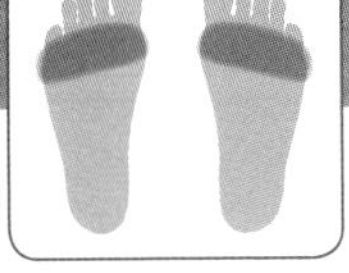

バーの端まで進んだら、今度は左右の動きで戻ってくる。今度は母趾球と小趾球で立つ。余裕がある人は、ポケットに手を突っ込んで動けるようになるとベター

身体操作性トレーニング① パルクール

バーを並べ、右端、左端とジグザグに連続ジャンプしていく。左右にぶれやすいので、お腹と胸郭でうまくバランスをとる

重心を置く位置

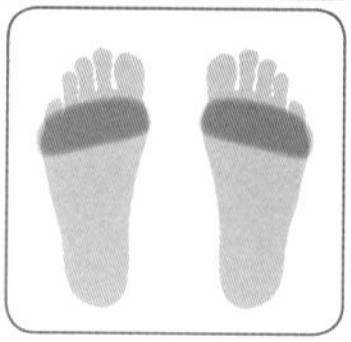

体幹でバランスをとり、同じ姿勢を保って左右にジグザグでジャンプしていく。前を見る際には顔を下に向けず、目線を落として確認

上級者編

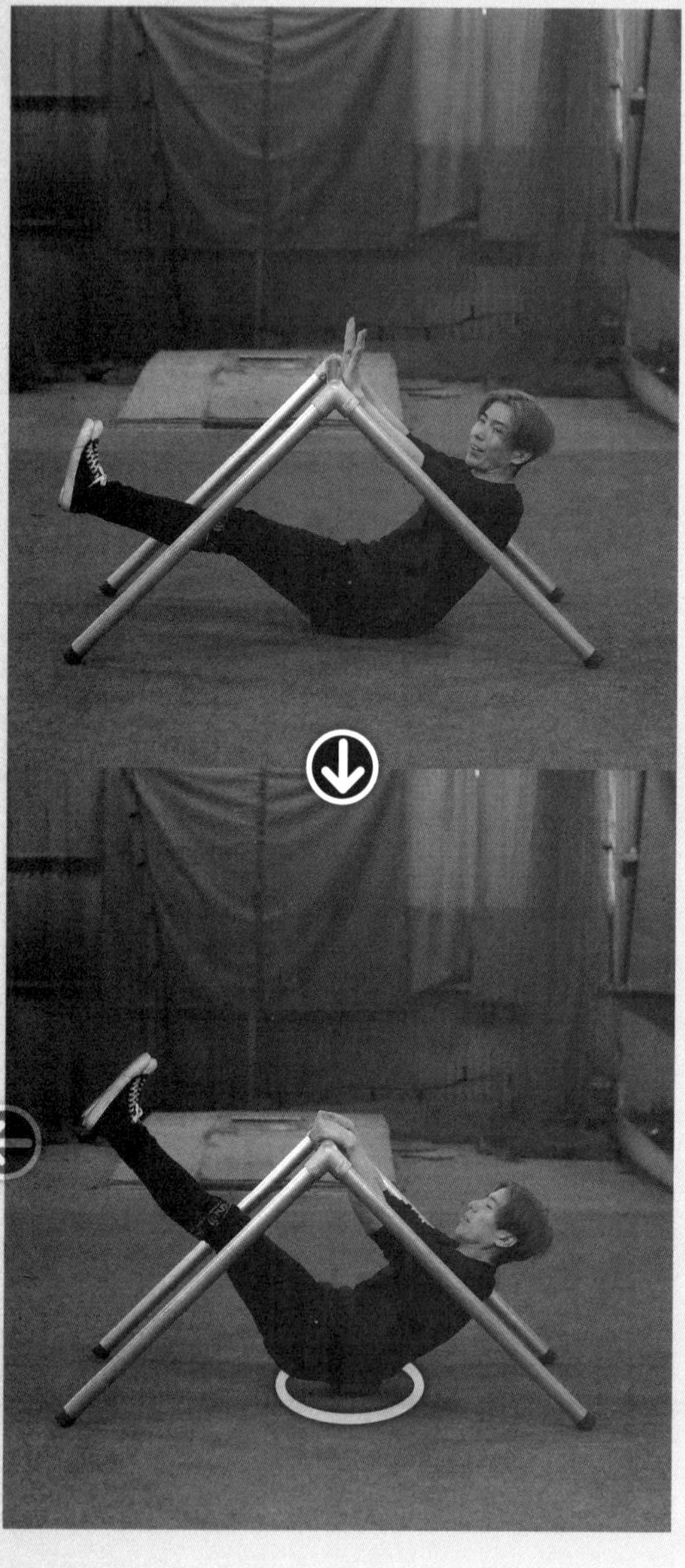

お尻を着いた状態からバーを持つ。次はお尻を浮かせ、逆上がりのように回転していく。上級者用のメニュー

胸郭とお腹をうまく使い、足を伸ばしたまま回転していく。勢いをつけるのではなく、止まった状態から重心移動で回転する

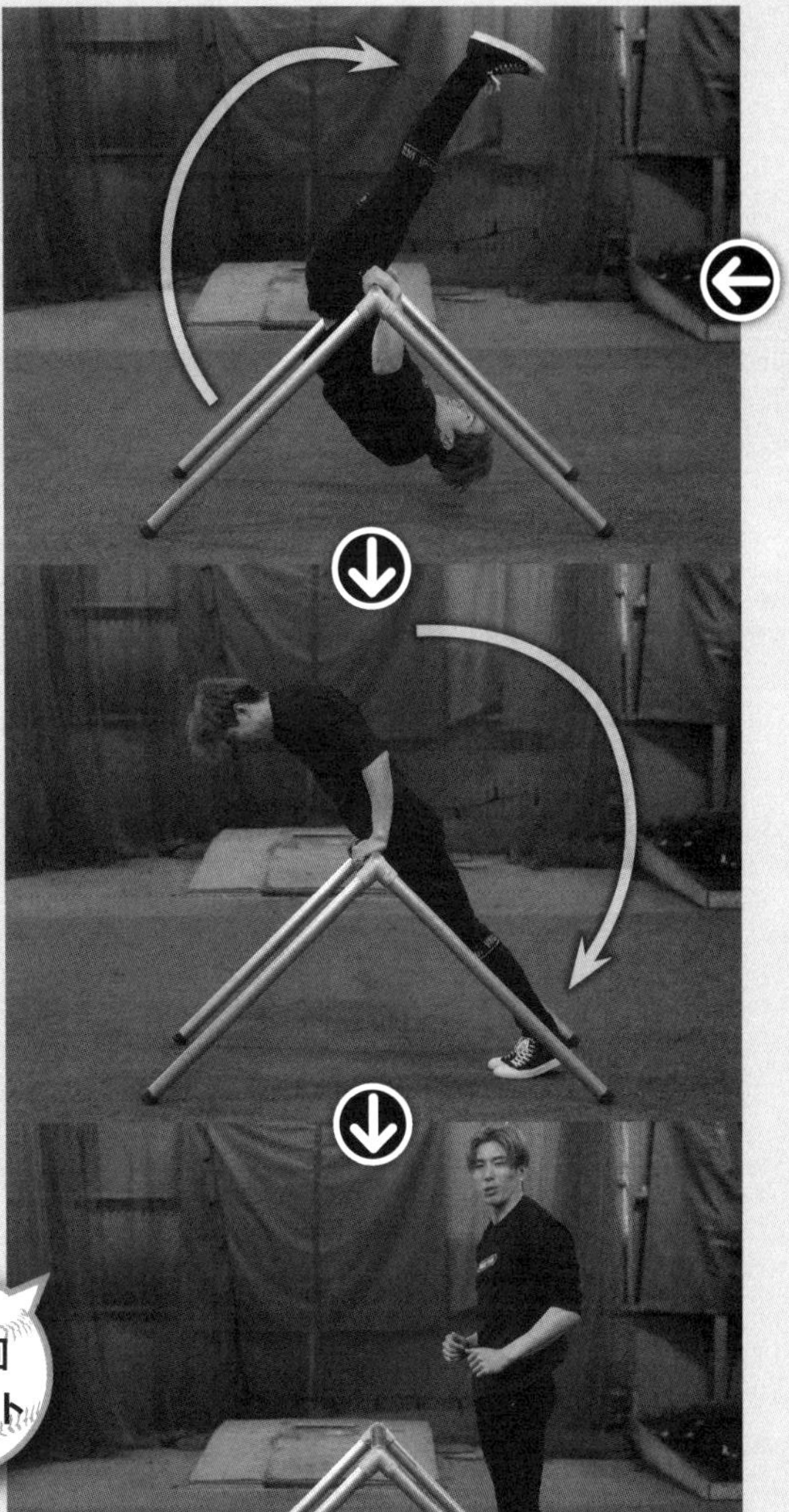

10回
×3セット

身体操作性トレーニング②

ヨガ倒立

ナゼやるの？

投球動作における胸郭の柔らかさと、お腹を使った動きをトレーニングで身につける。器具を使って倒立することにより、体幹を使った様々な動きをしやすくなる

股割りで股関節の柔らかさを十分に獲得できたら実施。ヨガチェアを使うことで体重が重い人も倒立をしやすい

倒立した時に足が反りすぎたり、「く」の字にならず、お腹で自分の足を真っすぐ支える。その姿勢を10秒間キープ

倒立で足を真っすぐ伸ばし、左右に開脚。足に自然と外旋が入る。お腹の力が発揮されていないとバランスをとれない

次ページへ

身体操作性トレーニング②　ヨガ倒立

前ページから

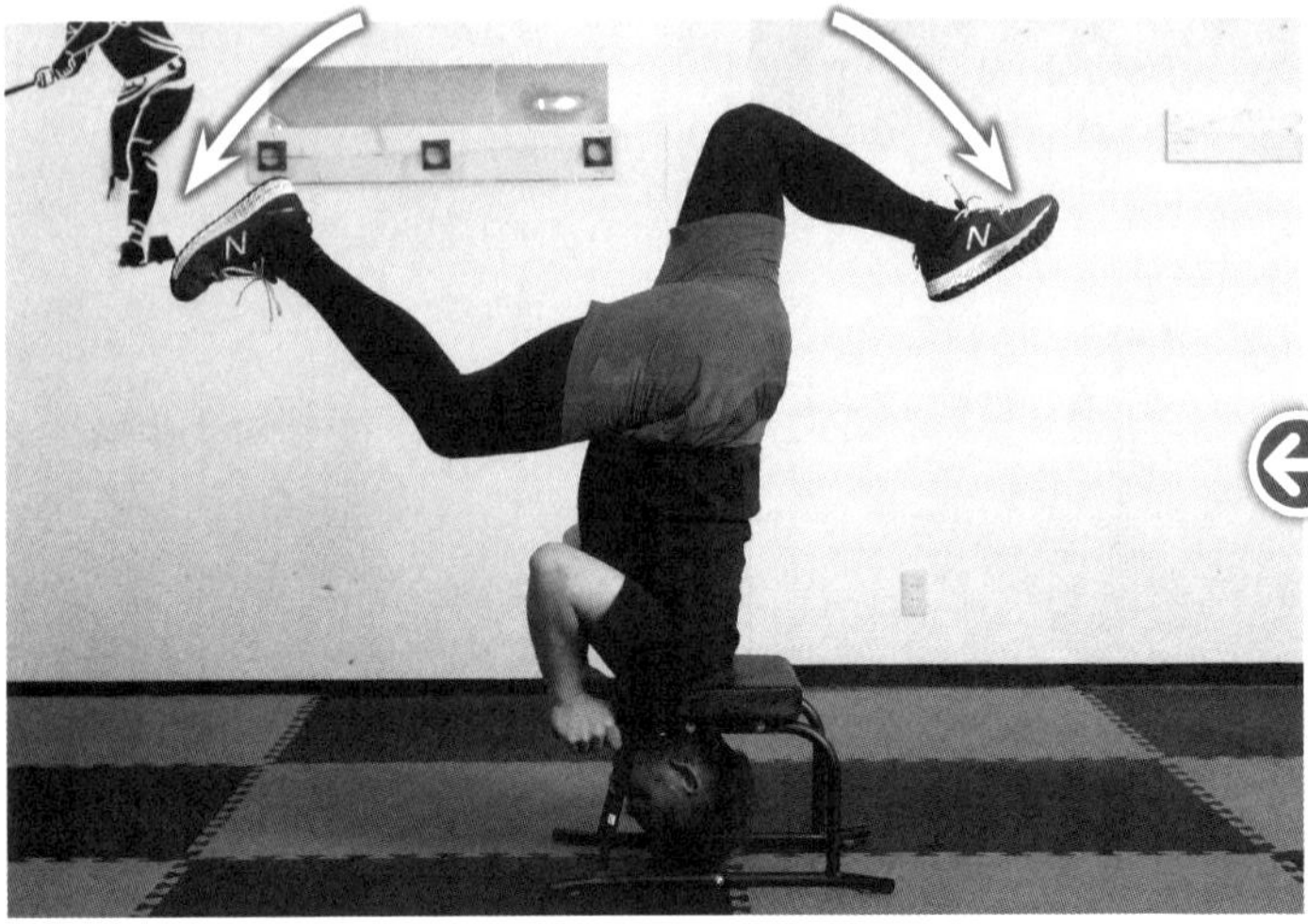

倒立で足を真っすぐ伸ばし、膝を曲げた状態で足を前後に開く。外旋が抜けやすいが、しっかり効かせることが大事

再び足を真っすぐ伸ばして倒立の状態に戻る。前回とは足を異なる方向に出し、前後に開く。外旋が抜けないように

足を真っすぐ伸ばした倒立の状態に戻り、
左右に開脚。その体勢から時計回りで回
転、足が前後の位置でキープ

その状態から今度は反時計回りに回転し、
再び足が前後の位置になるように。股関
節の伸展を効かせながら行う

身体操作性トレーニング② ヨガ倒立

首を起点に時計回りで歩きながら「12時」の位置へ。胸郭を丸く使うイメージで、足を浮かせて「3時」の位置まで回る

同じように「6時」の位置まで歩く。胸郭を丸く使うイメージで、足を浮かせて「9時」の位置までローリングして戻る

オーペンタゴンバー

ナゼやるの？

野球では投球、走塁など前重心の動作が多い。オーペンタゴンバーは構造的に体の前に重心を置いた動きをしやすく、野球の動きに近い形で様々なメニューをできる

デッドリフト

オーペンタゴンバーを使ってデッドリフトを行う。かかとを少し浮かせ、最初から足の外旋を効かせておく

ITEM

ヘックスバー（P76）の後ろがない器具。ペンタゴンバーのように固定されていないので、様々な動きをしやすい

出来る重さで
10回
×3セット

広背筋で上げるのではなく、足の外旋からハムストリング、お尻の筋肉、腹圧を連動させ、地面と垂直に上げていく

重心を置く位置

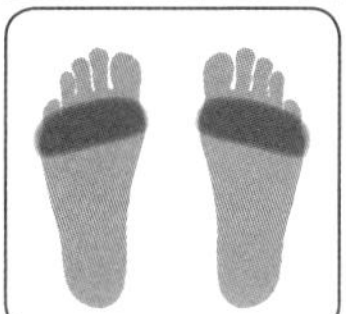

1
2
PART 3
4
5
6

バックランジ

出来る重さで
10回
×3セット

次はオーペンタゴンバーを使ってバックランジを行う。まずは足の母趾球と小趾球で立つ。胸を張りすぎないように

前足に体重をしっかり乗せ、逆足を後ろに持っていきながら腰を落としてランジの体勢へ。ハムストリングを効かせる

腰をしっかり落としてランジの体勢を作ったら、前足を戻して元の体制に戻る。お腹と胸郭をしっかり使おう

重心を置く位置

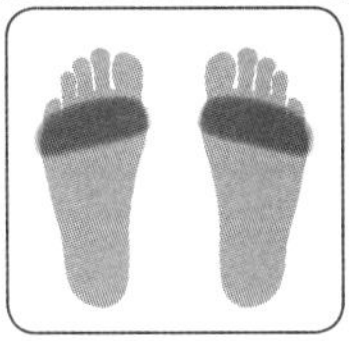

身体操作性トレーニング③　オーペンタゴンバー

ウォークランジ

前足を踏み出してランジの体勢へ。野球の動作同様、前に出力しながらハムストリングを効かせられるように。ハムストリングを効かせる感覚をつかめたら、同じ動きを連続で行うウォークランジ。前に力を伝えていく

オーペンタゴンバーのスペースを前に持ってきて、フロントランジを行う。まずは胸を張りすぎないで立つ

重心を置く位置

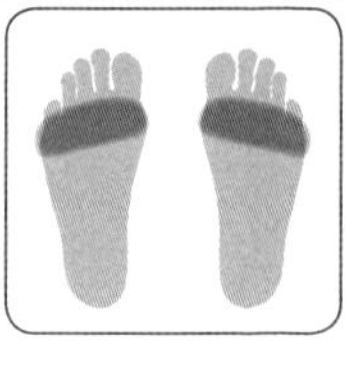

フロントランジ

重心を置く位置

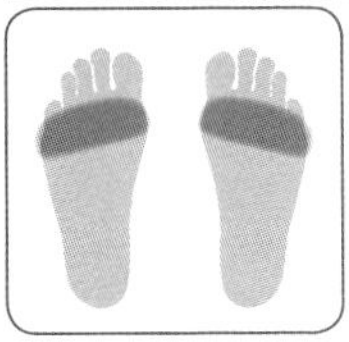

フロントランジを正面から見たバージョン。足のアーチを意識して立ち、胸を張りすぎないように

前足を踏み出してランジ。股関節を柔らかく使い、後ろ足のハムストリングを効かせながら前に出力する

出来る重さで
10 回
×3セット

身体操作性トレーニング③　オーペンタゴンバー

ブルガリアンスクワット

重心を置く位置

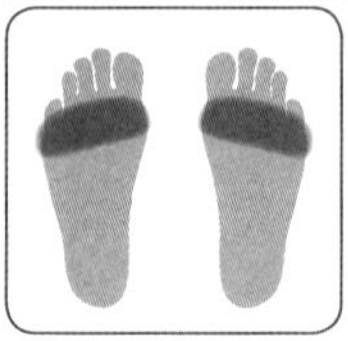

次はオーペンタゴンバーのスペースを後ろに持ってきてブルガリアンスクワットを行う。まずは後ろ足を台に乗せる

前足の膝が割れず、大腿四頭筋に力を入れる。後ろ足には力を入れず、胸を張りすぎないでスムーズに前に行けるように

ザーチャーズスクワット

重心を置く位置

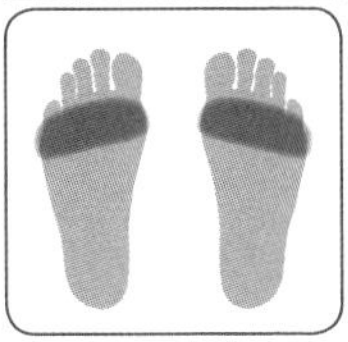

次はオーペンタゴンバーを使ったスクワット。P78のザーチャーズスクワットと同じ点を意識して行う

かかと重心にならず、両足の母趾球と小趾球で立つ。投球動作のように、胸郭を丸めて動くイメージをつかむ

身体操作性トレーニング③　オーペンタゴンバー

ザーチャーズウォークランジ

出来る重さで
10回
×3セット

次はオーペンタゴンバーを抱えてウォークランジを行う。前足を踏み出し、しっかり体重を乗せる。後ろ足のハムストリングをしっかり効かせたら、同じ動きを連続で行う

重心を置く位置

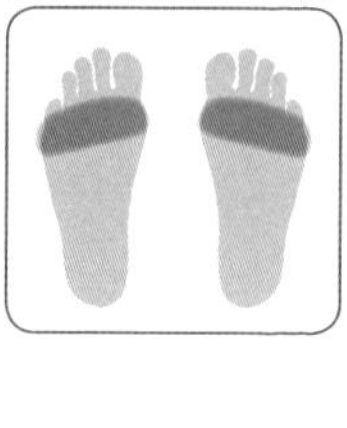

PART 4

投球動作の「スクリーニング」をしよう

この章で紹介するトレーニングは、
「Mac's Trainer Room野球トレーニング専門チャンネル」内の
動画で確認することができます。

スクリーニングをかけて問題点を探る

練習やトレーニングを重ねる目的は、誰しも選手として少しでも向上するためだと思います。日々の努力を効果的なパフォーマンスアップにつなげるためには、自身の課題を把握することが重要です。

投手が試合で思うようなピッチングをできていない場合、何らかの原因が絶対にあります。大切なのはその理由を突き止め、改善していくこと。やみくもに投げ込みをしても、努力した気分になるかもしれませんが、問題解決にはつながりにくい。逆に変なクセがついて悪化する可能性もありますし、最悪の場合はケガに至ります。

例えば、「ボールを前で離す」ことに課題があるとします。これはピッチャーに対してよくされる指摘で、確かに大切です。

ではそもそも、ボールを前で離すことはなぜ大切なのでしょうか。単純にリリースポイントがホームベース側に近づけば近づくほど、相手打者にとって対応する時間が少なくなるという理由が一つあります。対して投手目線で言うと、前でリリースした

PART 4

方が力のある球を投げられるからです。
リリース時に上半身が前に行けるためには、股関節の柔軟性が必要です。股関節が硬かったり、お腹が回るスペースがなかったり、胸郭が回らなかったりすると、そもそも前に行けません。身体が硬くて前に行けない投手が「前で離せ」と指示されると、肘だけを前で離そうとする場合があります（肘を抜くような投げ方になります）。そうすると肘に負担がかかり、ケガをしやすい投げ方になってしまいます。

また、股関節やお腹、胸郭をうまく使えないと、力がある球を投げられません。投手にとって「前で離す」ことは重要ですが、どうすれば前で離せるようになるか、その方法を突き止めていく必要があります。

股関節やお腹、胸郭が硬い投手は、２章で紹介したトレーニングに取り組んでください。毎日少しずつ努力を重ねて柔軟性が増せば、前で離せるようになるはずです。

一方、身体の硬さではなく、「目線」に問題がある場合もあります。子どもの頃、「キャッチャーをしっかり見て投げなさい」と言われたことのある読者もいるのではないでしょうか。実際、キャッチャーミットをずっと見たまま投げる子が多くいます。

投球動作でトップからリリースに移行する時、キャッチャー方向に首を曲げすぎると、並進運動をする際に前の肩が早く開いてしまいます。それでは骨盤やお腹、胸郭をうまく使えず、肩肘に負担のかかる投げ方になります。身体の連動性がなくなり、質の高い球が行きません。

人間の首が向く角度は35度から40度と言われていて、肩が固定されたまま首だけをそれ以上の角度でやや強めに回すと、痛みを感じると思います。そうした動きをすると斜角筋（首の前面についている筋肉）が緊張するため利き腕の肘が上がりにくく、投球動作をしにくいばかりか、胸郭出口症候群になりやすくなります。胸郭出口症候群は手を挙げる際に肩や肘、肩甲骨の周辺に痛みが生じたり、手に痺れを感じて握力低下につながったりする症状です（予防法は5章で紹介します）。キャッチャーを見ようと意識するあまり、投球動作中にこうした体勢になるのは単純に投げ方としてよくないですし、いい球がいきません。

スポーツにおいて目が果たす役割は大きく、特に「奥行き」を捉えることが大事です。例えば弓道の射法では、的に正対しません。投手のセットポジションのように、横向きで構えます。両目をそろえて見ると、奥行きがわかりにくいからだと思います。ボクシングでも、リングで相手と対峙する際は半身です。正対すると、距離感がつかみ

投球動作のスクリーニング

自分の課題を知る

スクリーニングをかけることで投球における自身の「課題」が何かを明確にする。

課題の原因を知る

課題がクリアになったら、その原因を考える。「体の柔軟性に問題がある」「そもそも筋量が足りていない」……など、課題によっても原因は様々だが、「なぜ、その課題がクリアできないのか」を考えて自分を知ることが大切。

原因を解消するためのトレーニングを行う

原因がわかったら、それに応じたトレーニングを重点的に行う。筋量が足りなければ筋力トレーニングを、柔軟性が不足しているのであればストレッチや柔軟性を高めるトレーニングを行うなど、「自分に必要なトレーニング」をしっかりと行うことが大切。

課題がクリアできる！

にくなるからです。

　投手にも同じことが言えます。キャッチャーに正対して投げると、奥行きをつかめず、コントロールの悪化につながる可能性があります。

「ボールを前で離す」という課題は、目線の使い方で改善できる場合もあれば、股関節の硬さから招いているケースもあります。あるいは、原因が複合的なこともあるでしょう。

　大事なのは、まずは課題の原因を見極めていくことです。そのために4章ではピッチングの「チェックポイント」を紹介しています。スクリーニングをかけ、自分の問題はどこにありそうかを探し出してください。課題に応じて、やるべきトレーニングの内容も変わってきます。

　人の時間は有限です。限られた時間を大切に使うためにも、努力が成果につながるようにアプローチしていきましょう。

スクリーニング①　軸足に体重を乗せすぎていないか

トランポリンドリル

ナゼやるの？

投球動作をお腹主導で行えているかを確認するメニュー。お腹が引き伸ばされ、その収縮によって「弓矢」のごとく手が振り出されてボールに伝わる力が最大化される

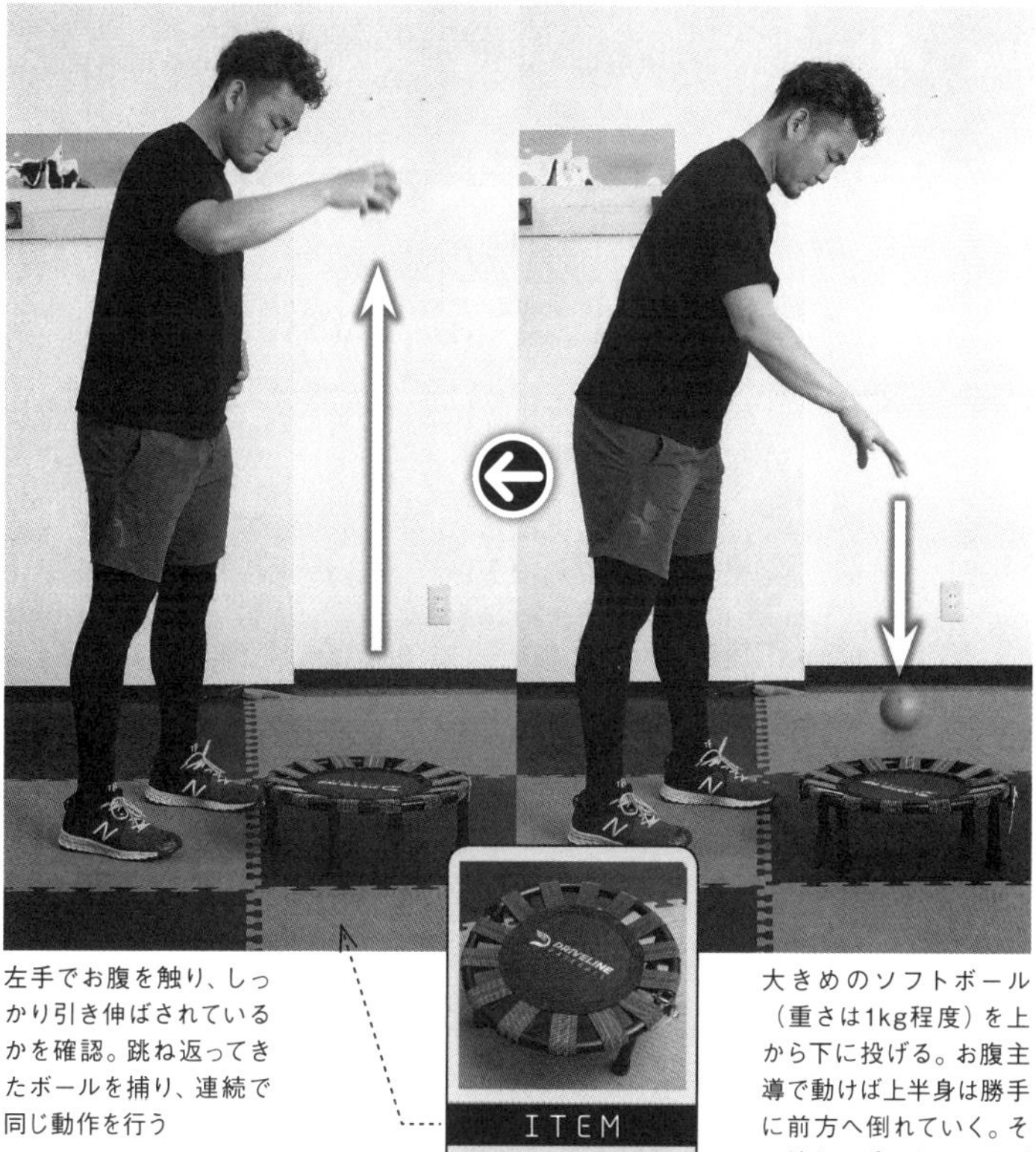

左手でお腹を触り、しっかり引き伸ばされているかを確認。跳ね返ってきたボールを捕り、連続で同じ動作を行う

大きめのソフトボール（重さは1kg程度）を上から下に投げる。お腹主導で動けば上半身は勝手に前方へ倒れていく。その流れで手からパンとボールをリリースするタイミングをつかむ

ITEM

トランポリンを使って連続動作を実施。1回の動きならごまかせるが、連続で行うにはお腹主導の動きが必要になる

スクリーニング① トランポリンドリル

踏み出した前足に体重を乗せ、実際の投球よりリリースポイントを前にしてトランポリンにボールを投げていく

後ろ足を浮かせて前足に乗り、お腹主導で動けているか、ボールが指にかかっているかなど投球をイメージして実施

スクリーニング② 前足トップが出来ているか

コアベロシティーベルト

ナゼやるの？

制球力を高めるためには投げたいコースに身体を並進させていくことが重要。収縮性のあるベルトを使い、骨盤や重心、動きの方向性で制球できているかを確認

枠で囲まれたストライクゾーンを頭の中で4分割し、投げたいコースに骨盤を回していくようにイメージしながら構える

投げたいコースに身体を並進させていく。ベルトに引っ張られることで前足トップを作りやすくなる

肩を開かず、並進運動で前へ。骨盤の動きと指先の方向が一致することで制球力アップ。ボールにうまく力を伝える

スクリーニング③　ボールの握りに問題はないか

いろいろなボールを投げる

ナゼやるの？

ボールを握る際に力みすぎていると、腕の振りが鈍くなり、肘への負担が増す。様々な種類のボールを投げて、適度な力の入れ具合で握れているかをチェック

3ミリ大きいボール／3ミリ小さいボール

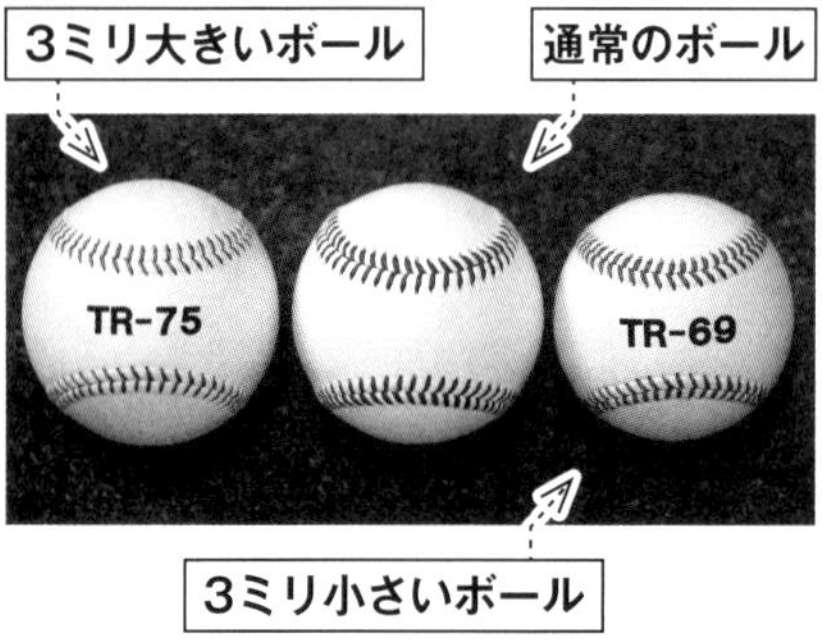

ボールを強く握りすぎていないかのスクリーニング。通常の硬式球でストライクが入らなかったり、肘に痛みを感じたりする人は3ミリ大きいボールを投げてみよう。うまく投げられたり、痛みを感じなかったりする場合、通常のボールでは強く握りすぎている可能性がある。そうした人は通常より3ミリ小さいボールでキャッチボールを行おう。その後で通常の硬式球を投げると、3ミリ小さいボールより握りにくいので、うまい具合に力が抜けて握りやすく感じられる。力むとボールを握りすぎる場合は少なくないので、その予防として行う

アメフトボール

手のひらがすぐに打者に向いて末端が走らなくなっていないかのスクリーニング。硬式球と同じ直径で作られたアメフトボールを使用。腕を振る際に外旋を効かせ、リリース時に小指から振り出して指の末端を走らせる感覚をつかむ。しっぺをする際、指の面をそのまま振り下ろすより、ひねりながら振り下ろすと加速するイメージ。投球時に肘を押し出したり、抜いたりすると、手のひらが前を向くのが早くなる。アメフトボールは正面を向いて投げず、横向きから投げるため、小指から振り出す感覚をつかみやすい。最初は親指と人差し指、中指で握り、指の末端を走らせる感覚を養おう

スピンアクシスボール

腕とボールの回転軸が合っているかのスクリーニング。アメフトボールでうまく投げられるようになったら、硬式球の3方向に青、赤、黄でラインをマークしたスピンアクシスボールを使い、野球のボールでも指の末端を走らせて投げられているかをチェックしよう。ラプソードで測定する機会がなくても、スピンアクシスボールを使えば回転軸を確認することができる

自分が腕を振る角度と、ボールの青のラインが同じ角度でリリースされることがポイント。ストレートを投げているつもりでも、カットボールの成分が含まれると青のラインの見え方が減る。小指から振り出されるようにリリースすれば、力感がなくても強い球が行く。スマートフォンのスローで撮影して確認するとわかりやすい

ハンドボール

ボールの遠心力を指で感じられているかのスクリーニング。直径15～19cmのハンドボール（0号～3号）は野球の硬式球（72.93mm～74.84mm）より大きい。ボールが大きいので小手先だけでは投げにくく、体の各部位を連動させてリリースまでの投球動作を行う必要がある。構造的に親指に力を入れて投げられないため、逆に中指と人差し指にしっかりかけて投げる感覚をつかむことができる。ハンドボールでキャッチボールを行うことで中指と人差し指を走らせる感覚が養われ、ストレートの回転量が増える選手も多い

硬式球より重量が大きいハンドボール（200～475g）をうまく投げるためには、体の連動をしっかり使うことが重要。前足トップを作り、足の外旋、股関節の方向出し、腹圧と胸郭で力を生み出し、腕を振りながら指先のリリースまで力を効果的に伝えながら投げていく。ハンドボールで感覚をつかめたら、硬式球を投げて確認しよう

スクリーニング④　親指がロックされていないか

親指外し

ナゼやるの？

ボールを握る際に親指に力が入りすぎると、ロックされてリリースでボールが出ていきにくくなる。逆に中指と人差し指にしっかりかかれば、親指は添える程度でいい

親指でロックしている選手は意外と多い。親指で強く握ると肘の内側にある前腕屈筋群が痛くなり、さらに上腕筋が緊張し、胸郭出口症候群になる可能性もある。強く握りすぎると緊張状態で腕を振ることになり、リリース時にボールが横にずれ、力の伝達が悪くなったり制球力に影響が出たりすることも。人差し指と中指にうまくかかれば親指は添える程度で投げられるので、わざと親指を外して投げることでその感覚を養おう。親指を外して投げるのが難しい場合、親指の付け根で支えてもOK

「親指は添えるだけでいい」という感覚をつかめると、前腕屈筋群の余計な緊張がなくなり、肩の可動域も出やすくなる。人差し指と中指にしっかりかかり、親指は「邪魔をしない」というイメージ。親指で握らなくてもボールが落ちないことがわかれば、親指でロックすることもなくなる。「親指が邪魔をしない」という感覚がわかりにくければ、ハンドボールでのキャッチボールでつかもう。親指を握りすぎず、人差し指と中指を走らせることでストレートの回転数が多くなる

投手にとっても重要な「グローブの形」

投手にとって、グローブへのこだわりは非常に大切です。なかにはデザインやカラーがカッコいい、憧れの選手と同じモデルがいいなど見た目で選んでいる人もいるかもしれませんが、もっと重要なことがあります。グローブの形状です。1章で「グローブの位置によって姿勢に影響が出る」という内容を書きましたが（P32参照）、グローブの形は投球動作にも大きな影響を及ぼします。

一般的にグローブは「縦型」と「横型」に分類されますが、私はもっと細かく分ける必要があると考えています。それくらい投球動作に与える影響が異なるからです。

左ページの写真を見てください。左から「縦縦」「縦縦横」「縦横」「横」という分類になります。写真を見比べると、グローブの開き方の違いがわかると思います。左から3つはウイルソン社のもので、指を入れた時に丸みが出ることが特徴。操作性に関わってくるので、非常に大事なポイントです（詳しくは後述します）。ウイルソンは細部までこだわって作っているのでオススメしています。右端は他社製です。

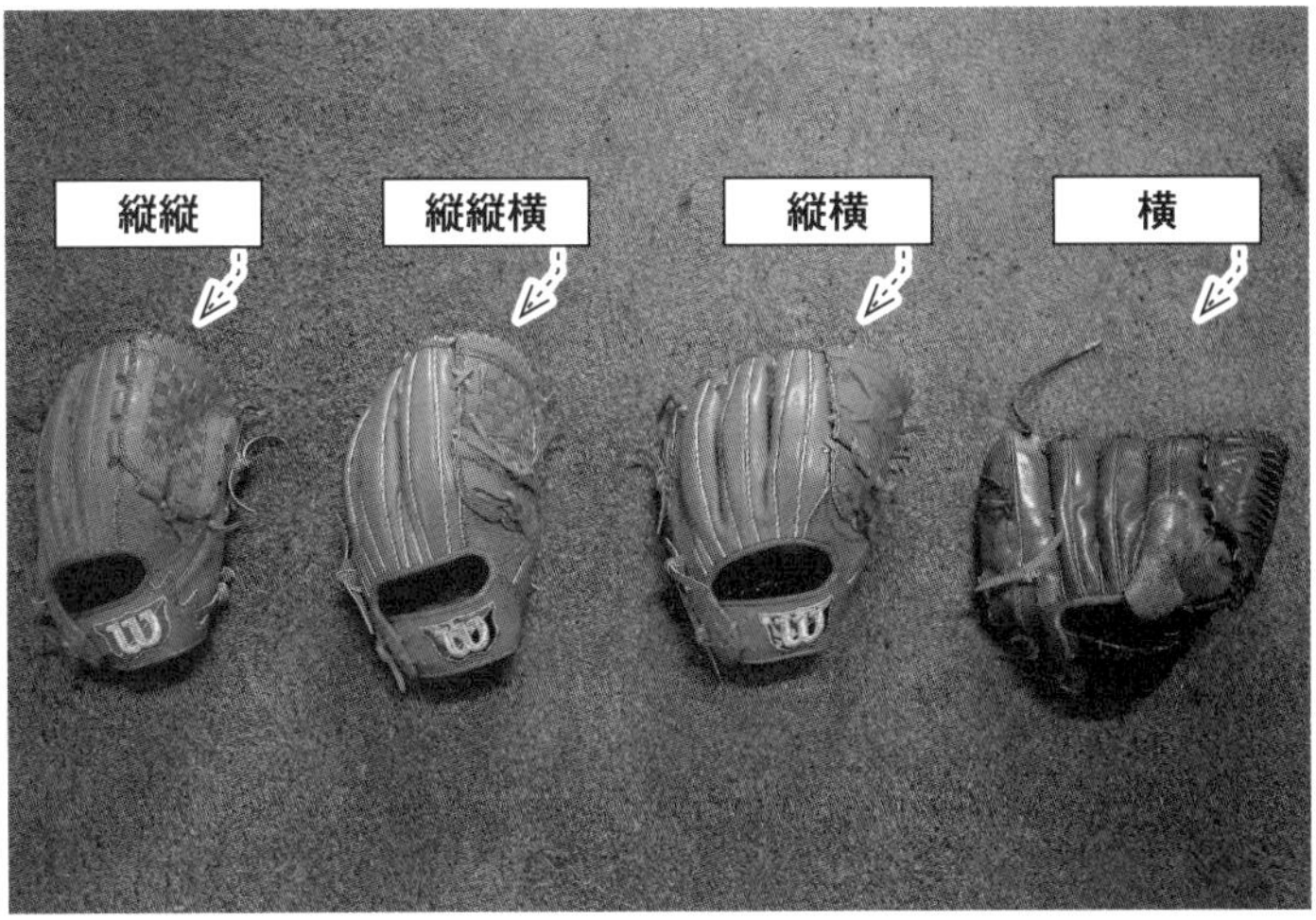

グローブの形状は野手だけでなく投手にとっても重要。
自分のフォームに合った形を見つける必要がある

基本的に、投げ方によって推奨する型が変わります。縦縦はオーバースローか、もっと上から投げる超オーバースロー。縦縦横はスリークオーターより少し上、あるいはオーバースロー。縦横はスリークオーターです。野手は基本的に上から投げないので、縦横が使いやすいと思います。

投球動作でより大きな力を生むには、利き腕だけでなく引き手をうまく使うことが重要です。自分に合ったグローブを選ぶのが大事なのは、形状によって引き手の回外の角度が変わるからです。トップを作る際、グローブをはめた手を回外させていきながら、できるだけ体に近いところまで来てくれた方がお腹の収まり具合はよくなります。

引き手をそのように使えると、お腹の力をより発揮しやすくなる。つまり適切なグローブを選択することで、投球動作でより大きな力を生み出せるわけです。

縦縦は形状として下に引きやすいので、利き手を上げやすい。だからオーバースローにとって使いやすい形です。オリックスの山岡投手がこのタイプで、彼の投げ方を見ると腕の高さとグローブの形状が「対」になっています。

逆に本書のモデルを務めている赤沼投手はスリークオーターとサイドの中間くらいから投げるので、縦縦を使うと本来引き手が発揮できるであろう力が弱まってしまいます。横型は力を弱めるほどではないですが、縦横の方が自分のしたい動きをできる。そうした感覚について、赤沼投手は「グローブが自分を導いてくれる」と話していました。自分の特徴を把握した上で、動きが邪魔されないグローブを選んでください。

ちなみに、基本的に指は外に出してほしくありません。指が伸ばされて緊張し、動きが制限されてしまうからです。丸みがあった方が動かしやすいので、それがウイルソン製をオススメする理由です。

同社のグローブには「コユニ」で使いやすいという特徴もあります。コユニとは小指を指す箇所に小指と薬指の2本を入れることです。中指、人差し指はそれぞれ1本ずつ横にずらし、人差し指用の穴は開けておきます。

　実践してもらうのが最もわかりやすいので、腕を伸ばして薬指を中心に回転させてみてください。すごく回しやすくないですか？　次に人差し指や中指を中心に、伸ばした腕を回転させてください。前腕の筋肉を結構使いますよね？　人間の身体の構造として、薬指を中心にターンすると腕はスムーズに動きます。でも5本の指が広がっていたら、「慣性モーメント」が大きいので動きが遅くなる。慣性モーメントは「物体の回転しにくさを表す数値」のことで、例えばフィギュアスケートのジャンプでは両腕を広げるより、胸の前で閉じた方が回転しやすくなります。後者の方が、慣性モーメントが小さくなるからです。

　横型は〝当て捕り〟（グローブの中指と薬指の根元あたりでボールを当てて、添えた手で素早く捕球すること）をしやすいという特徴がありますが、両手で捕りにいくことが前提です。一方、ウィルソンのグローブはシングルキャッチに特化し、指の部分が強く作られている。片手で捕りにいければ、守備範囲を広くできます。

　以上のように、グローブはプレーに大きな影響を及ぼします。だからこそ自分により適したものを選び、合理的な使い方をしてください。

グローブ選びはフォームで決める

縦縦横型

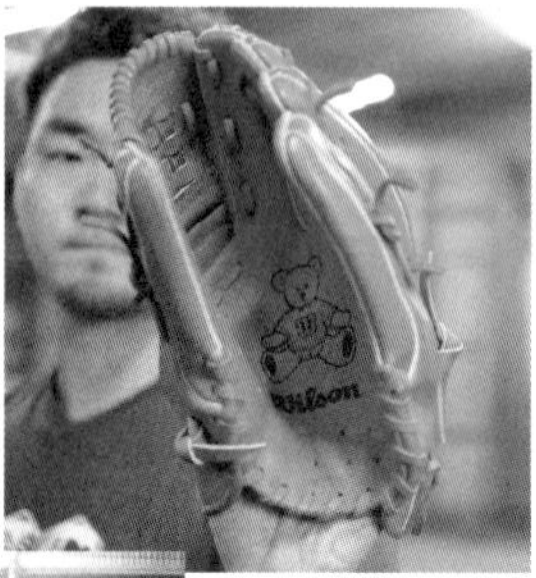

縦縦横は縦縦より横に開きがあるので、スリークオーターより少し上かオーバースローの投手に合いやすい。一般的なスリークオーターより少し高い位置の投手に試してみてほしい

縦縦型

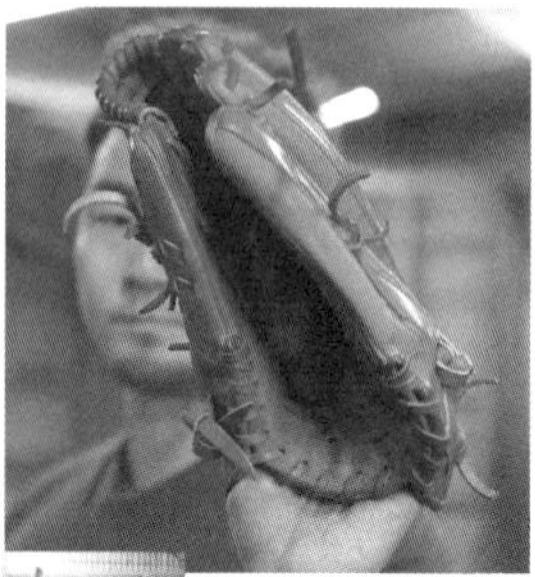

縦縦は形状として下に引きやすいので、オーバースローや超オーバースロー向き。オリックスの山岡投手や広島東洋カープの森下暢仁投手のように上から投げ下ろすタイプは力を生み出しやすい

横型

NG

横型のグローブは当て捕りをしやすくするため、土手が一般的なものより広く作られている。形状として投球動作における引き手の回外がしにくくなるので、投手にはオススメしない

縦横型

縦縦横よりさらに横に開きがあるタイプ。スリークオーターや、さらに腕の位置が低い投手に合いやすい。下の写真を見ると、グローブと腕の位置が「対」になっていることがわかる

PART 5

「故障しない」ピッチング方法を知ろう

この章で紹介するトレーニングは、
「Mac's Trainer Room野球トレーニング専門チャンネル」内の
動画で確認することができます。

故障の予防がパフォーマンスアップにつながる

子どもの頃に野球を始めて以降、週末になると朝から夕方まで長時間練習をしてきた人は少なくないと思います。熱心に取り組む姿勢は素晴らしい反面、長い時間全体練習することは、必ずしも上達につながるわけではありません。

本書のテーマは「毎日50分」のトレーニングで投球パフォーマンスをアップさせることです。短時間で集中して取り組むメリットはたくさんあり、その一つは自分で使える時間が増えること。チームの全体練習は目的を持って行われていると思いますが、選手個々で課題は異なるので、自分と向き合う時間も大切です。

加えて、練習時間が50分に限られることで、リカバリーにかける時間も短くて済みます。長時間練習では疲労も蓄積されるので、それだけ回復するための時間が必要になります。

リカバリーやコンディショニングは非常に大切ですが、この点が疎かにされているチームは決して珍しくありません。特に大会で連戦になると、勝ち抜くポイントは疲労からいかに回復し、次の試合をいいコンディションで迎えられるか。これがうまくできないと、大会日程が進むにつれて選手たちのパフォーマンスは極端に落ちていきます。

そもそも日頃からリカバリーが足りていないと、ハードなトレーニングをできません。低調なコンディションで厳しい練習をしてもレベルアップにつながりにくいですし、疲労がたまって故障のリスクになってしまいます。

故障予防の重要性は言うまでもないと思います。5章では日常的にできるメニューを紹介していきますが、その前に、ケガをしないことはなぜ大切かを改めて整理しましょう。

故障をすると、練習やトレーニングを十分にできなくなります。言い換えれば、パフォーマンスをアップさせるための時間が減るということです。

アクシデントを除き、故障するのは身体の使い方に何らかの問題がある場合がほとんどです。つまり、自身のポテンシャルを十分に発揮できていないということ。逆に言えば、トレーニングで課題を克服しながら自分に合った投球フォームを身につけていけば、故障リスクの低下にもつながります。

普段のリカバリーやコンディショニングを疎かにした場合、身体機能が低下し、パフォーマンスラインに影響が出ることもあります。例えば右投げの投手で、「軸足に乗れ」というコーチの指導が合わないとします。こうした投手が左足を捻挫し、痛みが少し残ったタイミングで投げてみると、「軸足に乗る」投げ方がはまるケースが見られます。左足が機能低下を起こして使いにくくなり、軸足に乗れるようになったのです。

ただし、軸足に乗る投げ方が合うのは、あくまで一時的です。左足が回復すると身体のバランスが元に戻り、どうやって投げればいいのか迷い込んでしまう場合が少なくありません。

大事なのは、適切なリカバリーやコンディショニングで身体機能を維持し、自分の投げやすい投げ方をできる状態を整えておくこと。そうした基盤があって、初めてパフォーマンスを最大限に発揮することができます。

故障予防は誰にでもできる努力です。投球パフォーマンスや成長の土台になるものなので、普段から意識的に取り組んでください。

コンディショニング①

肩肘エクササイズ（チューブ、ハンマー、こん棒）

ナゼやるの？

関節周辺部の筋肉が緩いとルーズショルダーや肘関節の靭帯損傷につながりやすい。インナーマッスルのトレーニングで肩肘の筋肉を締めてコンディションを整える

左手でチューブを持ち、右肘を台に着いた状態から前腕を真っすぐ立てるように開いていく。写真のポジションで、背中の僧帽筋や肩の三角筋が力んでいないことを確認してから次の動作へ

右肘が台と90度になる状態まで曲げる。それ以上行くと僧帽筋や三角筋を使ったり、体を倒したりなど代償動作が出るので気をつけよう

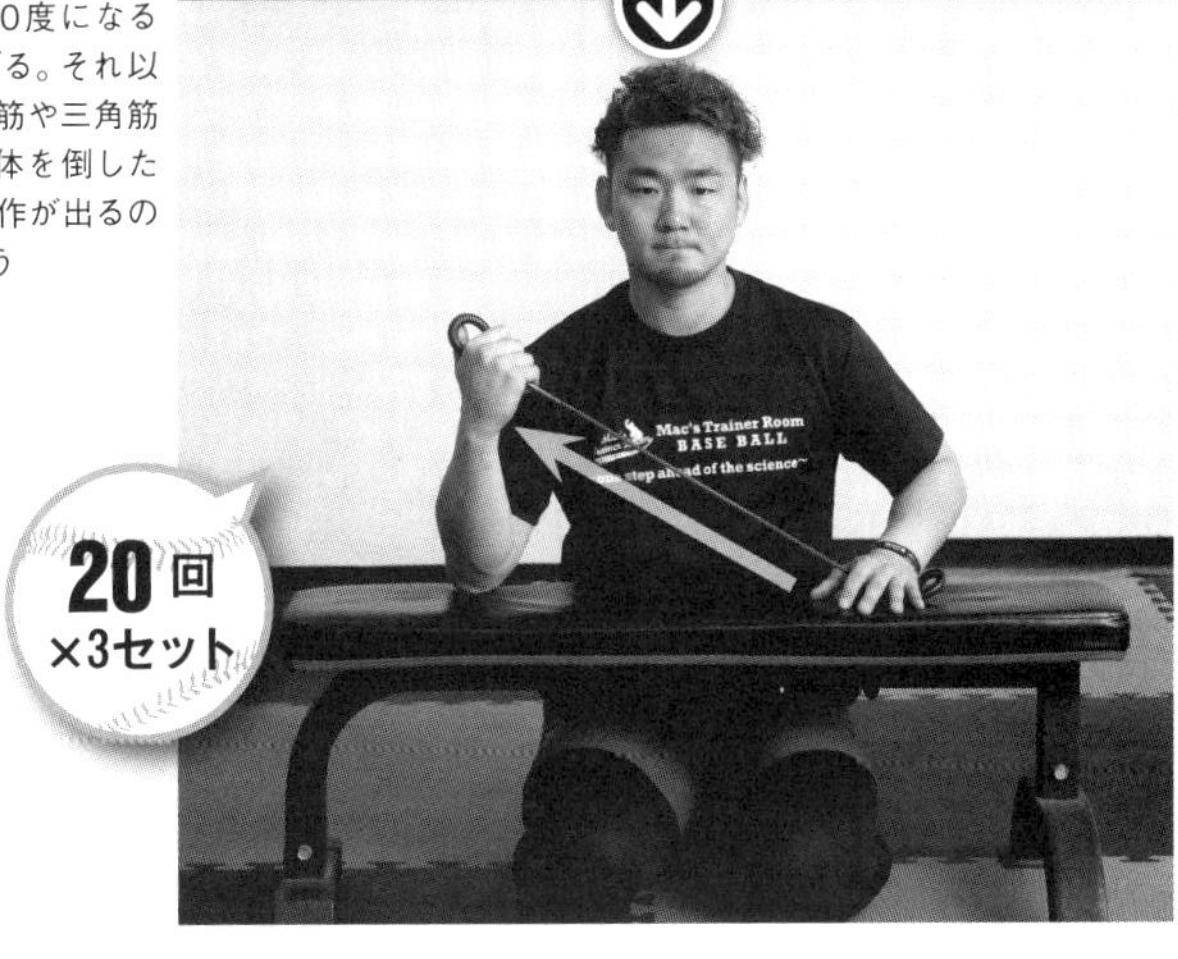

両肘を台の上に着き、チューブを持って外側に開く。僧帽筋や三角筋を柔らかくしたままインナーマッスルを働かせる

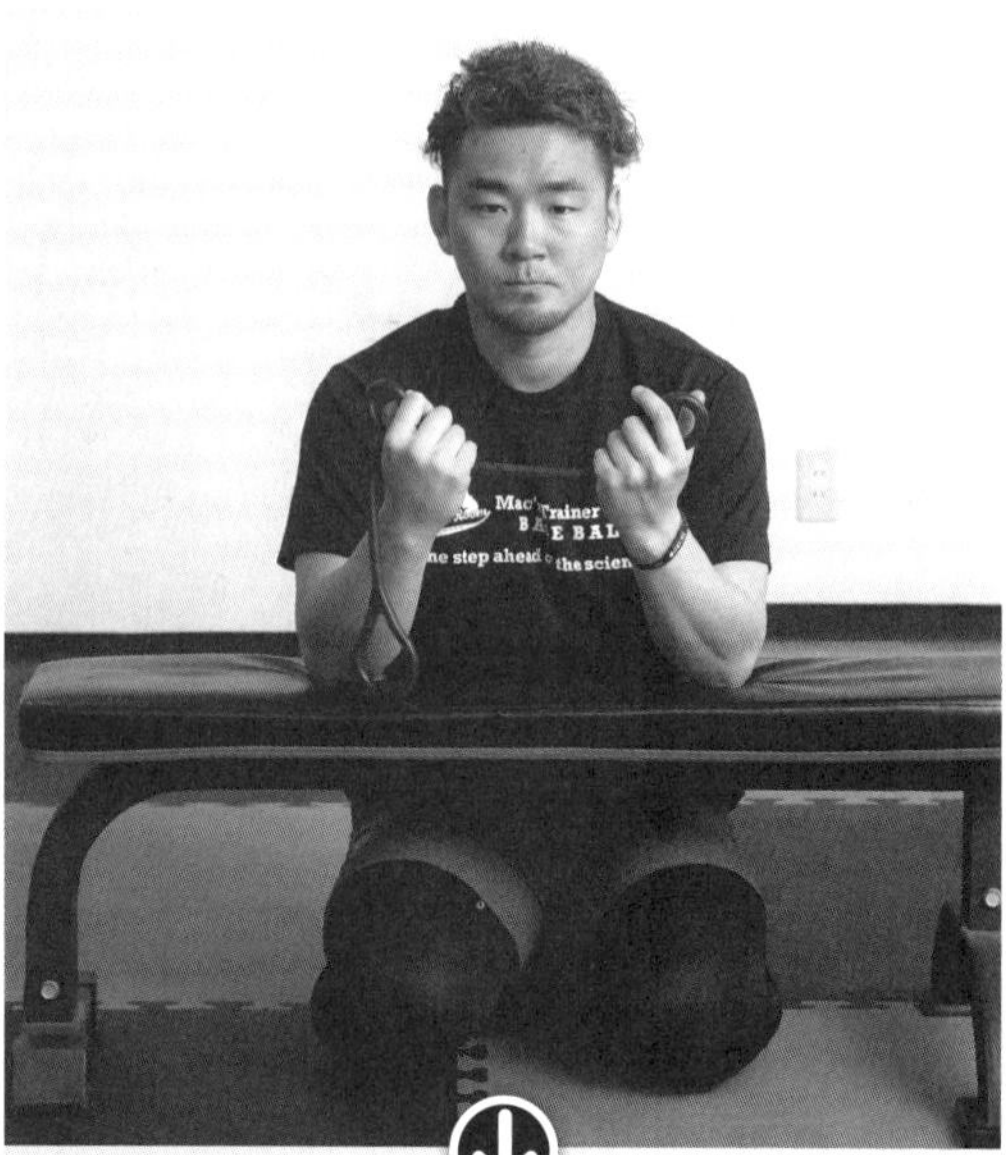

90度より大きめの角度（投げる際の肘の角度くらい）まで開いていく。腰の筋肉ではなくインナーマッスルで行う

次は立った状態から肘を壁に固定し、外側にチューブを引っ張っていく。支点が作られることで、力まずに取り組みやすい

肩より肘が上がらず、同じラインにあることがポイント。チューブの代わりにアンダーシャツやセラバンドを使ってもOK

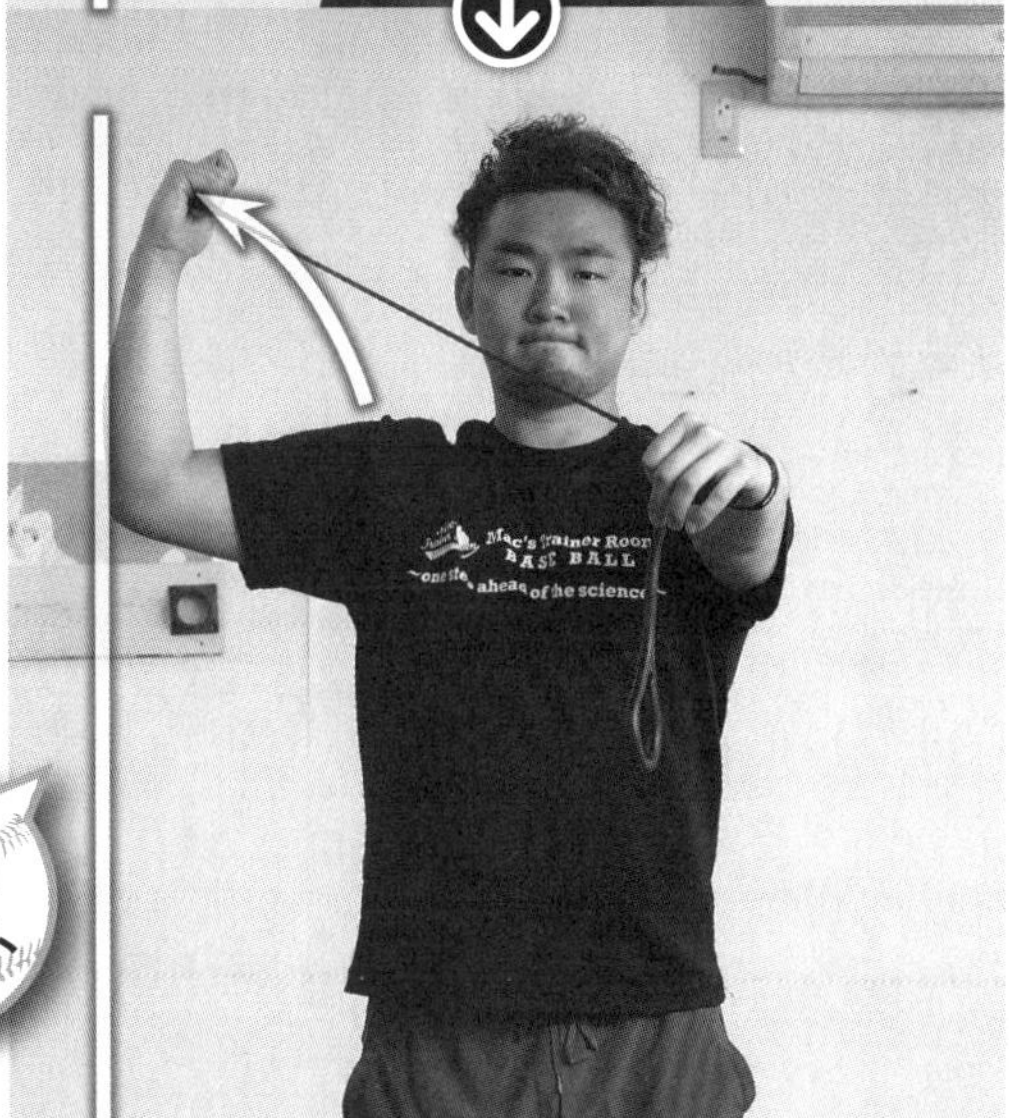

20回
×3セット

コンディショニング① 肩肘エクササイズ

ハンマーなど適度の長さと重み（1kg強）がある器具を使用。肘を逆手で固定し手首だけを動かしてハンマーを上げていく

肘で上げると代償になるのでNG。上腕をリラックスさせ、手首でハンマーを上げる。前腕のエクササイズという意識

ハンマーを逆さにして持ち、逆手で肘関節を押さえて固定。手首だけでハンマーを前後に動かし前腕の屈筋群を強化

親指、人差し指、中指側ではなく、小指、薬指側に力が入るように。薬指中心に手を回す感覚を養う（P158〜159参照）

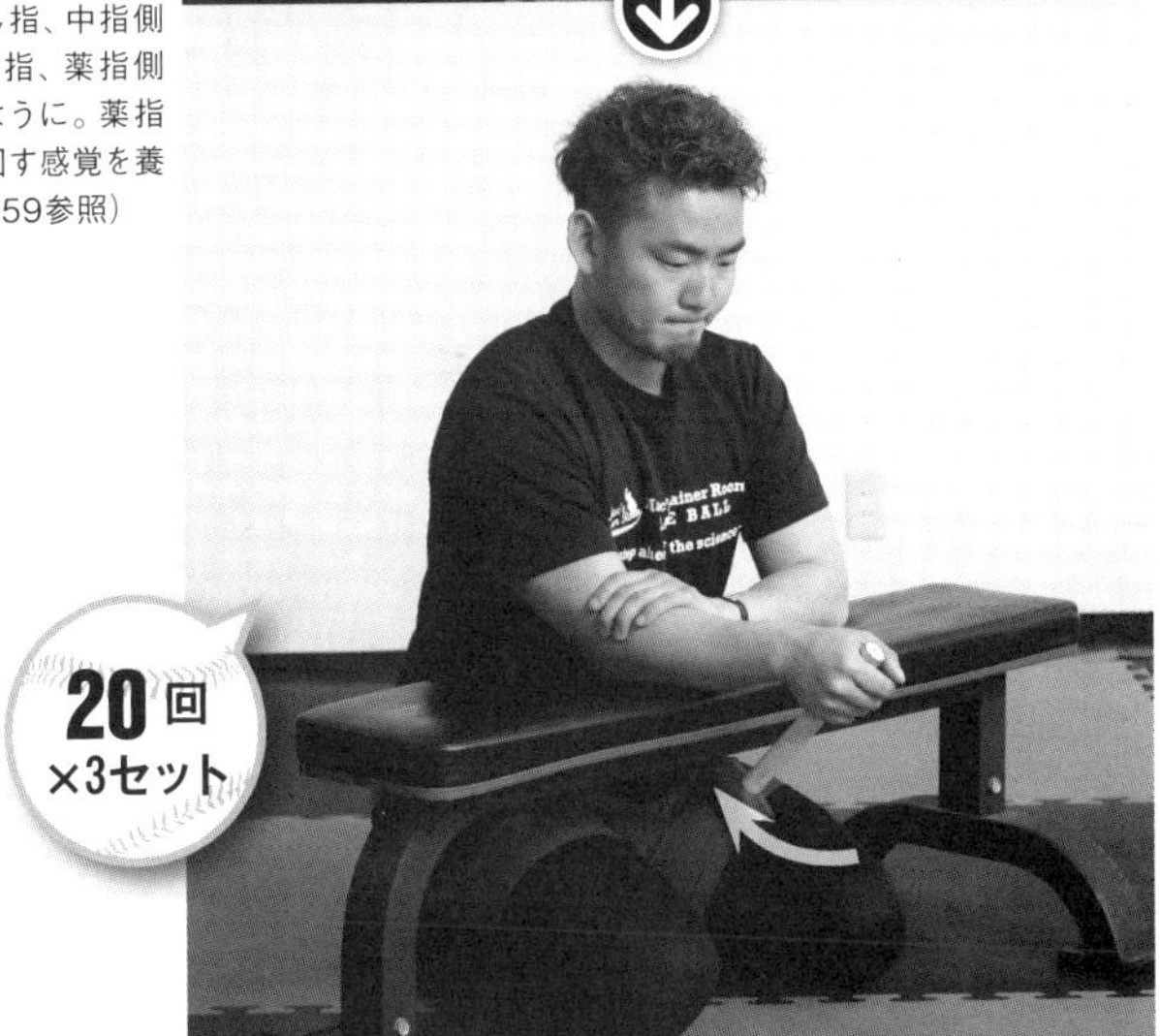

コンディショニング① 肩肘エクササイズ

こん棒を使用したエクササイズ。
適度な長さと重み（1kg強）がある
器具で前腕のインナーマッスルを
鍛える

こん棒がフラつかないように、逆手で丁寧に押さえてうまくコントロール。手首を左右に回してこん棒を動かしていく

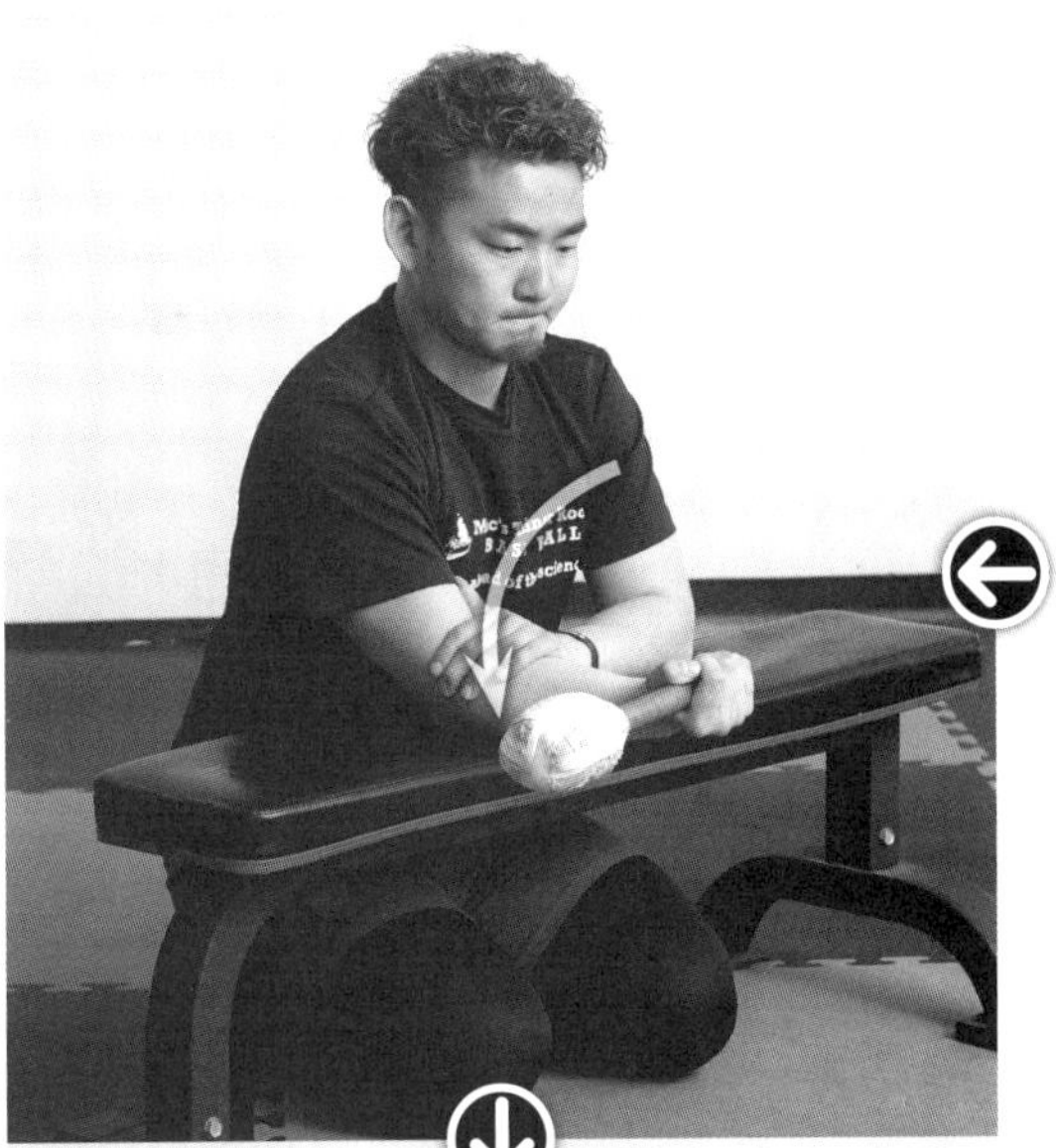

上腕はリラックスさせ、前腕のインナーマッスルに効かせる。薬指中心に動かした方が腕はスムーズに回転しやすい

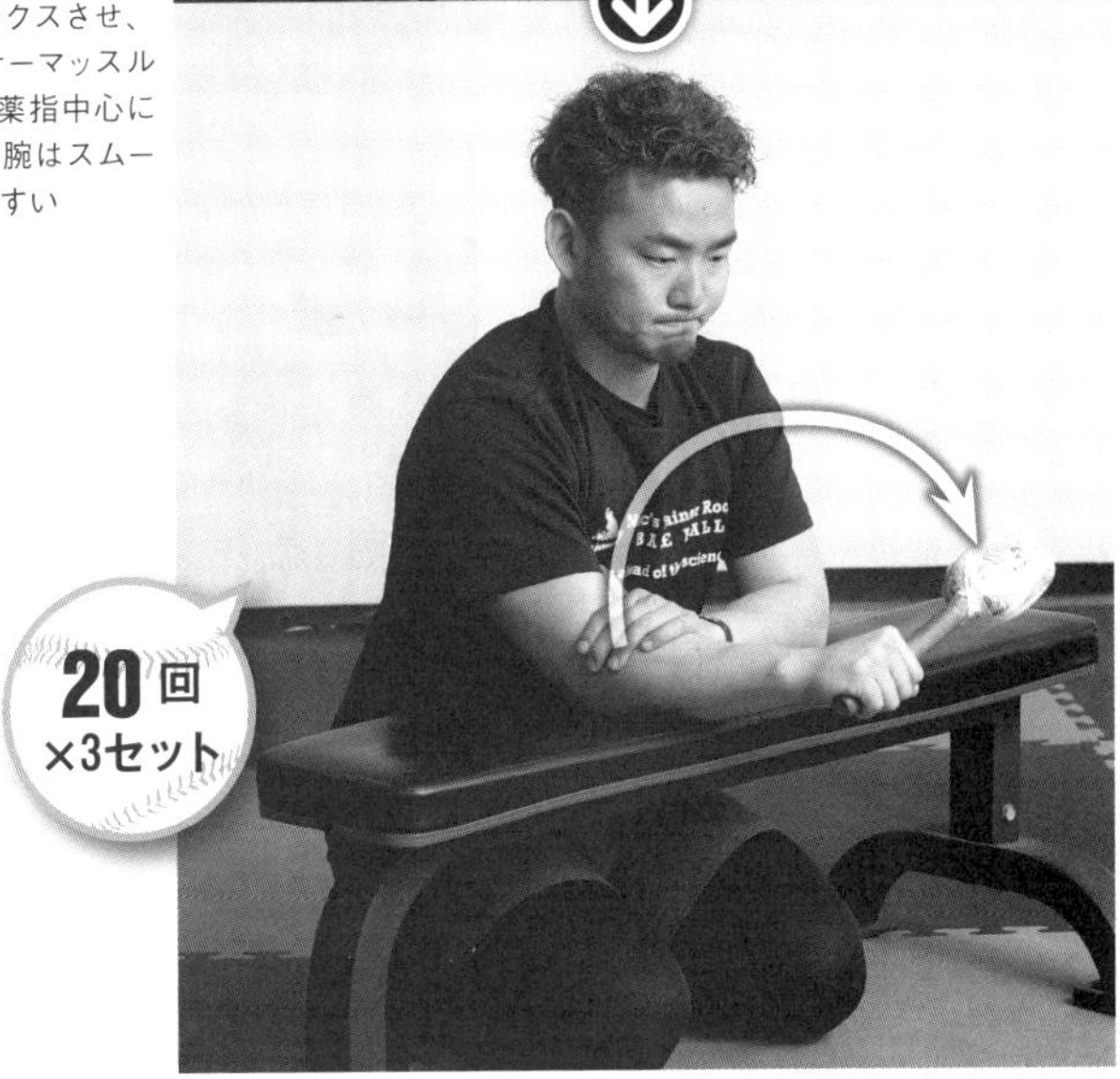

コンディショニング②

Jbands エクササイズ

ナゼやるの？

Jバンドは手で器具を握らずに動けるので、力みが入らないことが利点。両手や胸郭を大きく動かし、スムーズに動けているかを確認。ウォーミングアップとして行ってもいい

Jバンドをつけた両腕を大きく横に開き、お腹に力を入れる。両足を外旋させ、かかとが少し浮くくらいの重心位置。

重心を置く位置

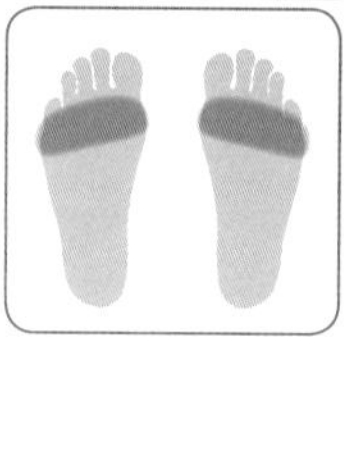

20回
×3セット

母趾球と小趾球に重心を乗せて立ち、
胸郭主導で両腕を前方に持ってくる。
胸郭を丸める・反ると柔らかく使いたい。
この動作を繰り返し、体がスムーズに
動けているかを確認

次は壁を向いた状態で両手を真っすぐ伸ばす。お腹に力を入れ、両足を外旋させ、かかとが少し浮くくらいの重心位置

重心を置く位置

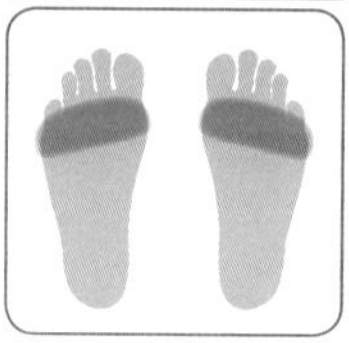

胸郭主導で両腕を外旋させ、両手を180度横に広げていく。胸郭は丸める・反る、広背筋は引き伸ばされる・収縮するというイメージで連続動作を実施

壁に背を向けて立ち、肘を曲げて後ろへ引っ張られる状態に。お腹に力を入れ、両足を外旋させ、かかとが少し浮くくらいの重心位置。胸郭は丸みを作った状態に

重心を置く位置

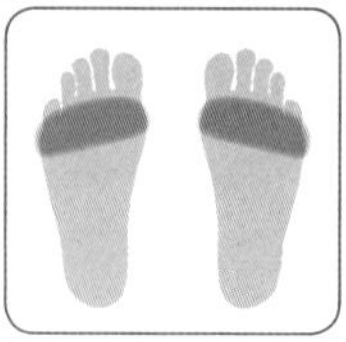

胸郭主導で両腕を内側に回しながら後ろに引いていく。胸郭は反る・丸めるというイメージで使い、肘が90度弱程度になる位置まで持っていく

胸郭主導で両腕を外旋させながら前に押し出していく。胸郭は丸める・反ると使いながら、お腹や足の外旋と連動させる。

コンディショニング② Jbands エクササイズ

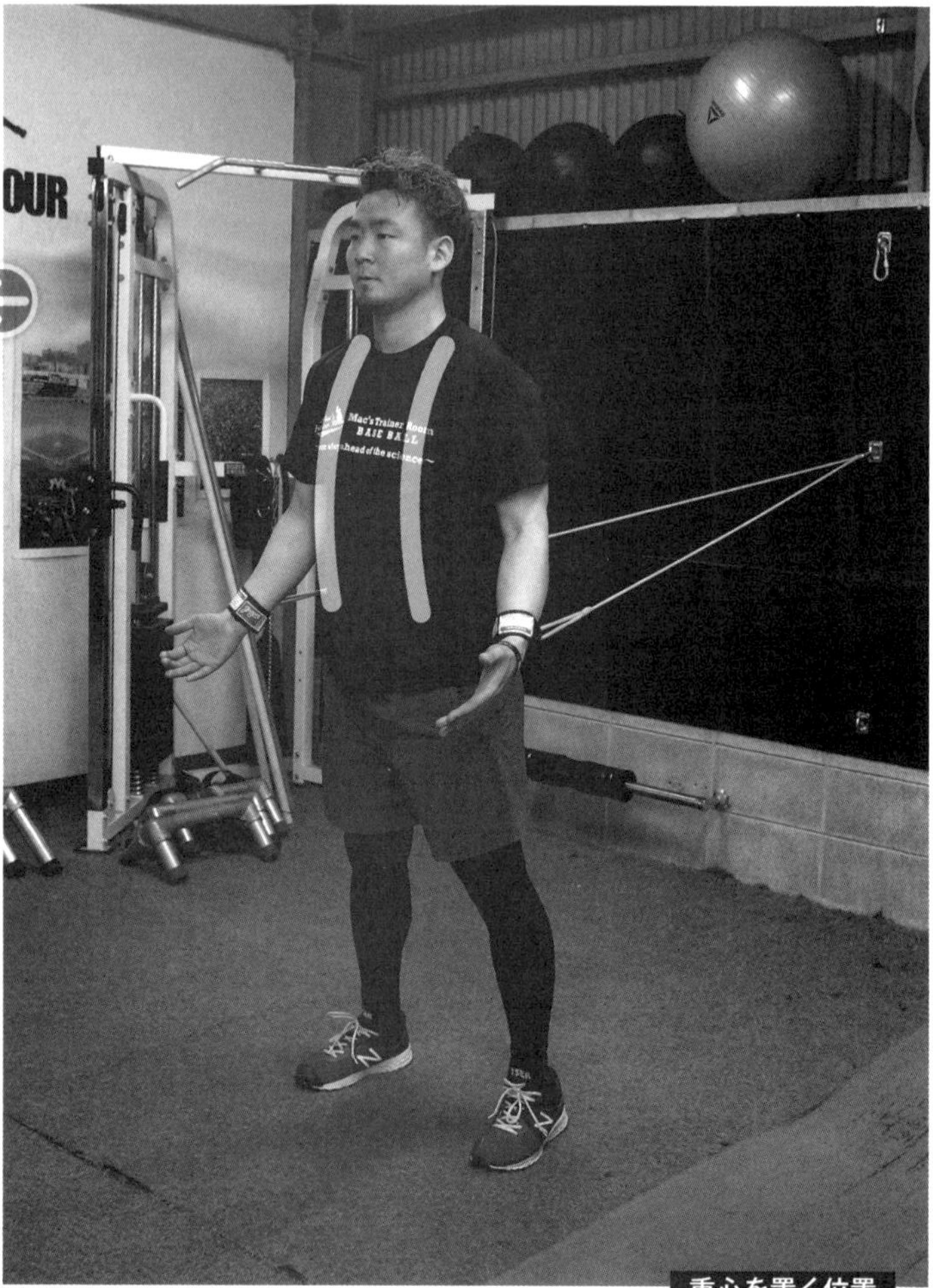

水泳のバタフライの腕の動きをJバンドを使って行う。まずは壁に背を向けて立ち、お腹に力を入れ、両足を外旋させ、かかとが少し浮くくらいの重心位置。胸郭は丸みを作った状態に

重心を置く位置

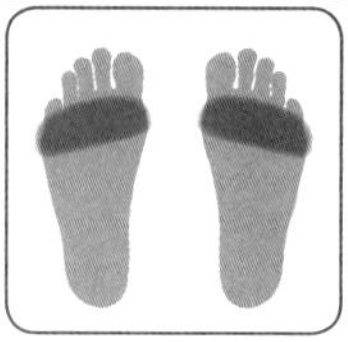

胸郭主導で両腕を前に大きく回すように動かし、上方へ持っていく。腕だけで回すのはNG。胸とお腹をしっかり使おう

両腕を連続でグルグル回しながら、胸郭主導の動きができているかを確認。お腹と足の外旋もしっかり使おう。ウォーミングアップに取り入れてもOK

20回
×3セット

コンディショニング②　Jbands エクササイズ

次は壁に向かって立ち、両腕をバタフライのように動かしていく。お腹に力を入れ、両足を外旋させ、かかとが少し浮くくらいの重心位置

重心を置く位置

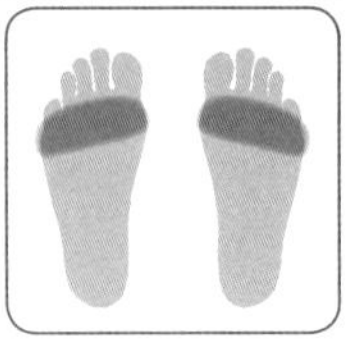

胸郭を反り、両腕を横方向に回しながらバタフライの動き。腕だけで回すのではなく、胸郭主導で動かしていく

両腕を回しながら上方まで持ってきたら、バタフライの動きを連続で行う。胸郭がスムーズに回っていることを確認

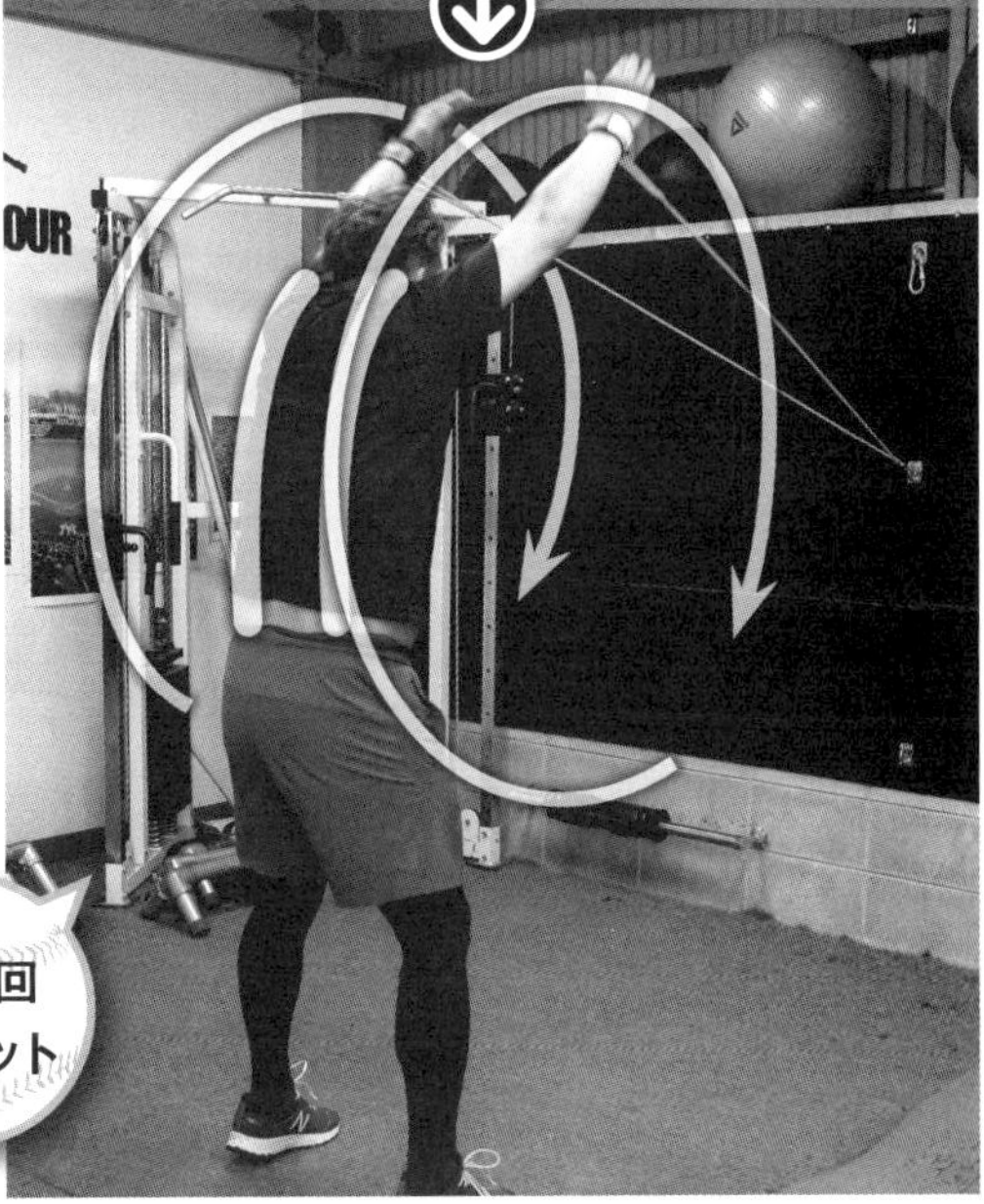

次は水泳のクロールのように両腕を大きく回していく。お腹に力を入れ、両足を外旋させ、かかとが少し浮くくらいの重心位置

重心を置く位置

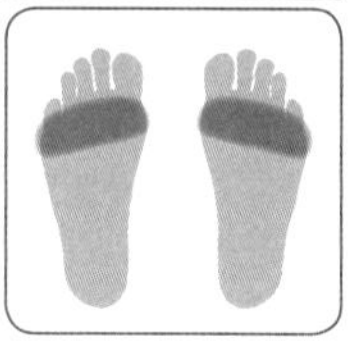

最初は利き手を後方へ円を描くように大きく回す。胸郭主導で行う。頭の後方まで来たら、逆手も同様に回していく。胸郭は腕を上げた側を丸める、下げた側を反ると左右対象に使って効果的に力を生み出す

クロールの動作を連続で行っていく。腕だけで動くのではなく、胸郭主導で腕が連動していくイメージを確認。お腹と足の外旋もしっかり使おう

20回
×3セット

コンディショニング② Jbands エクササイズ

今度は壁を向いて立ち、両腕でクロールの動きを行っていく。お腹に力を入れ、両足を外旋させ、かかとが少し浮くくらいの重心位置

重心を置く位置

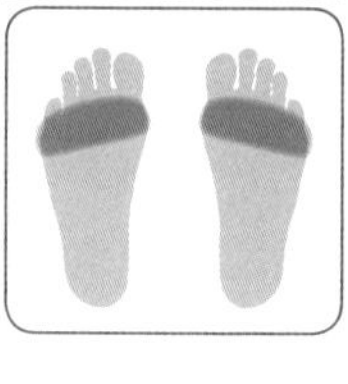

利き腕が後方まで回ったら、次は逆手を同じように動かしていく。腕だけで動かすのではなく、胸郭主導で行う。胸郭は腕を上げた側を丸める、下げた側を反ると左右対象に使って効果的に力を生み出す

クロールの動きを連続で行っていく。腕を大きく動かし、胸郭と連動していることを感じながらエクササイズする。お腹と足の外旋もしっかり使おう

20回
×3セット

コンディショニング③

胸郭エクササイズ

ナゼやるの？

胸郭の力を最大限に発揮するには、背骨でつながっている首をスムーズに動かせることが大事。ブリッジができない人にとってはイメージづくりにもなるエクササイズ

水道管にスポンジとラバーを巻いた胸郭ローラーを使用。鼻から息を吸って吐いてを3回行ったら、胸郭を丸めていく

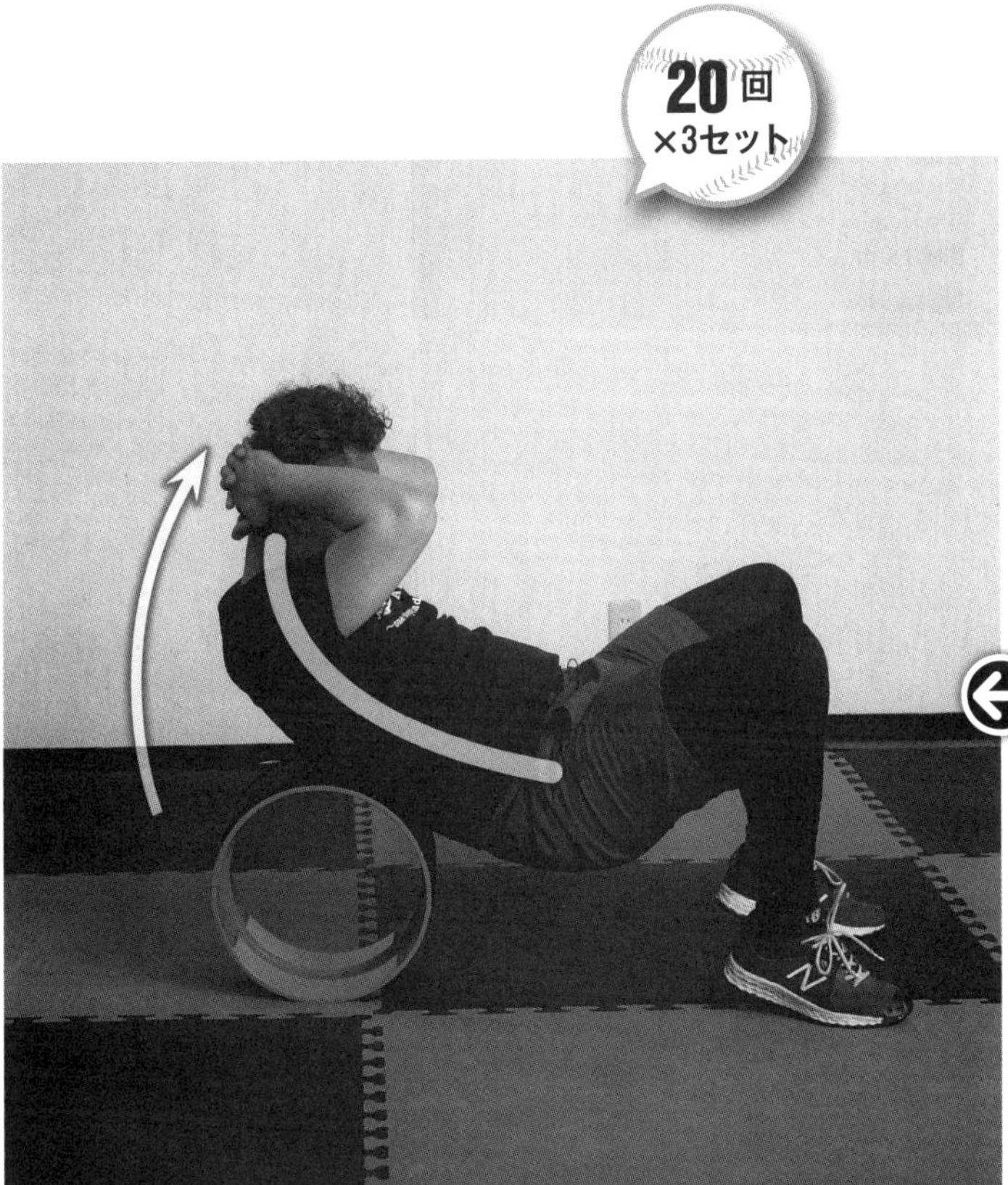

胸郭を丸めたら、最大限に反っていく。
ストレッチポールだと頭がすぐ着くので、
高さのあるローラーで行う

コンディショニング③ 胸郭出口エクササイズ

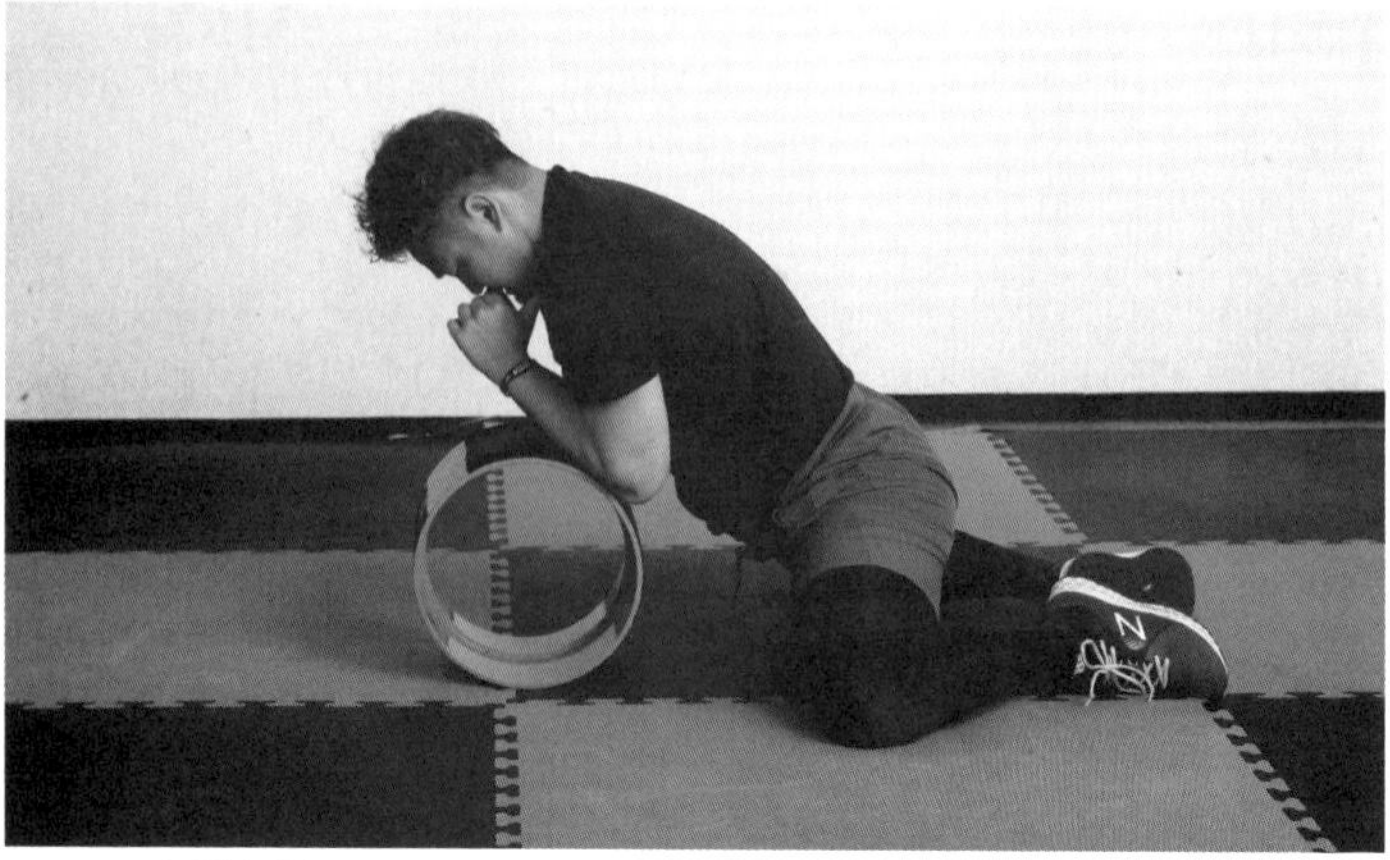

ローラーに両肘を乗せる。胸郭に丸みを作り、ローラーを両肘で奥側に転がしながら胸郭を開いていく

20回
×3セット

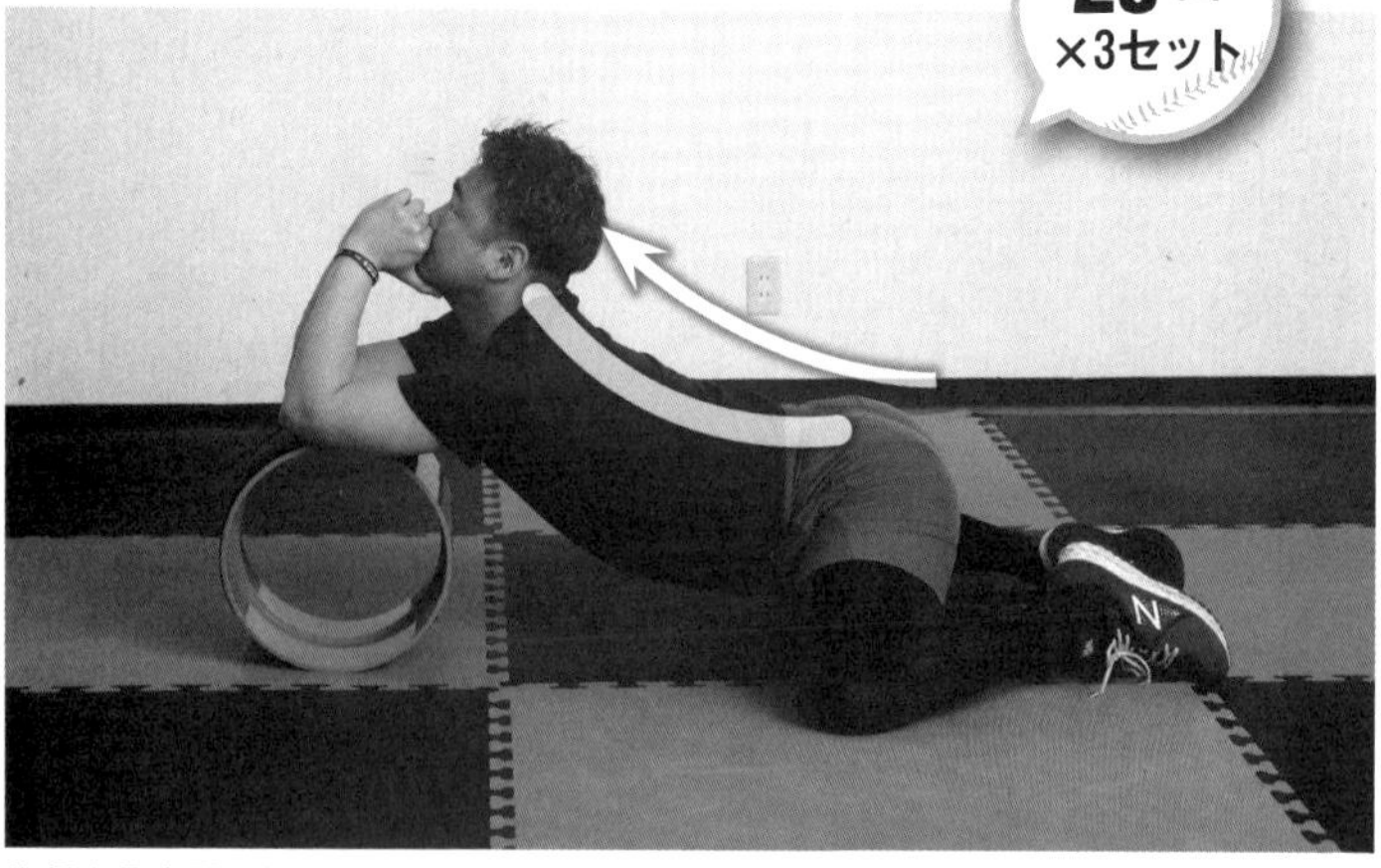

胸郭を最大限に沿ったら、元の体勢に戻っていく。しっかり首が動くことで、胸郭の動きも最大化される

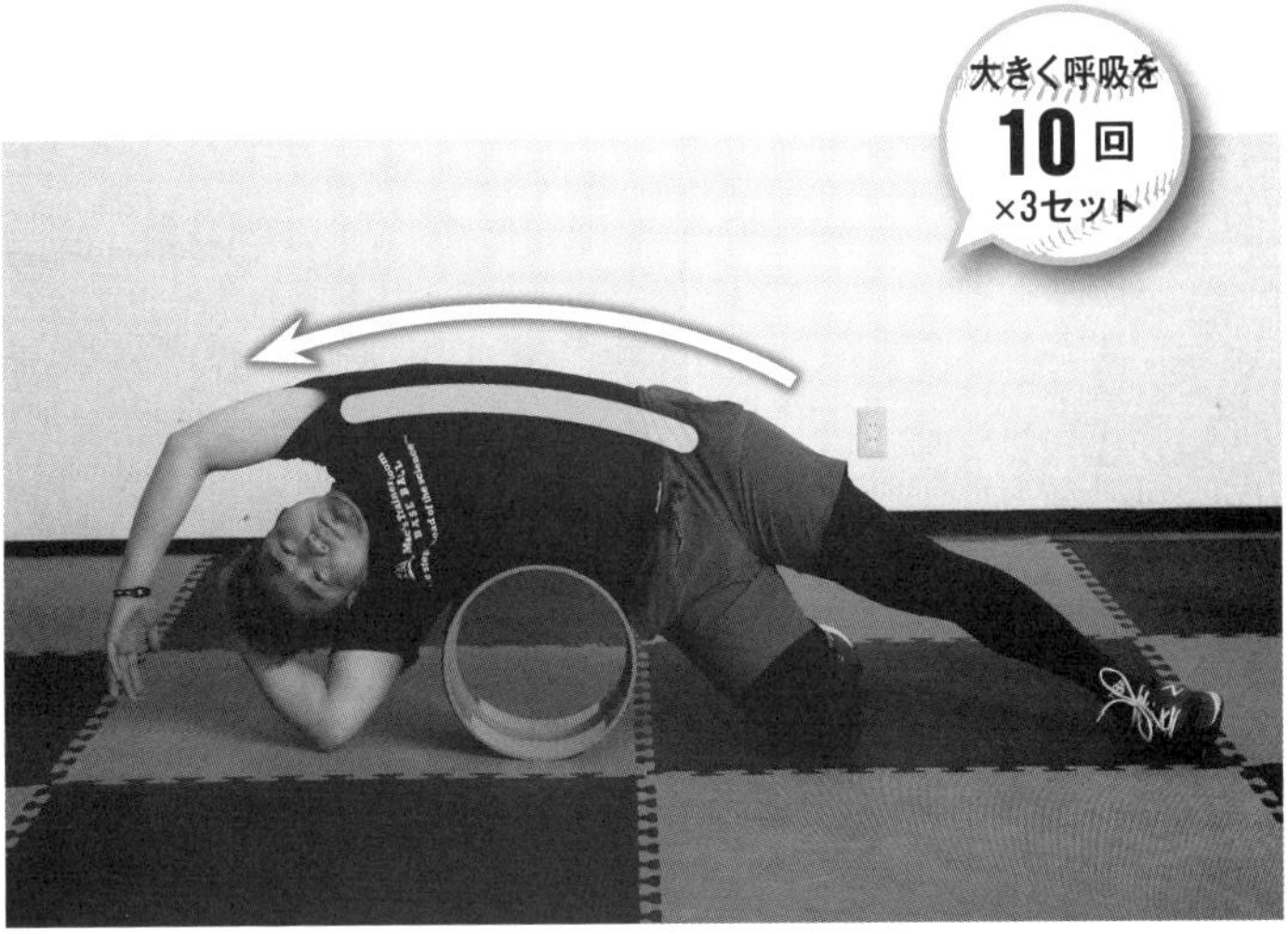

前足を曲げ、ローラーに脇腹を乗せる。そのまま動かず、丸みを作った胸郭が引き伸ばされる状態をキープ

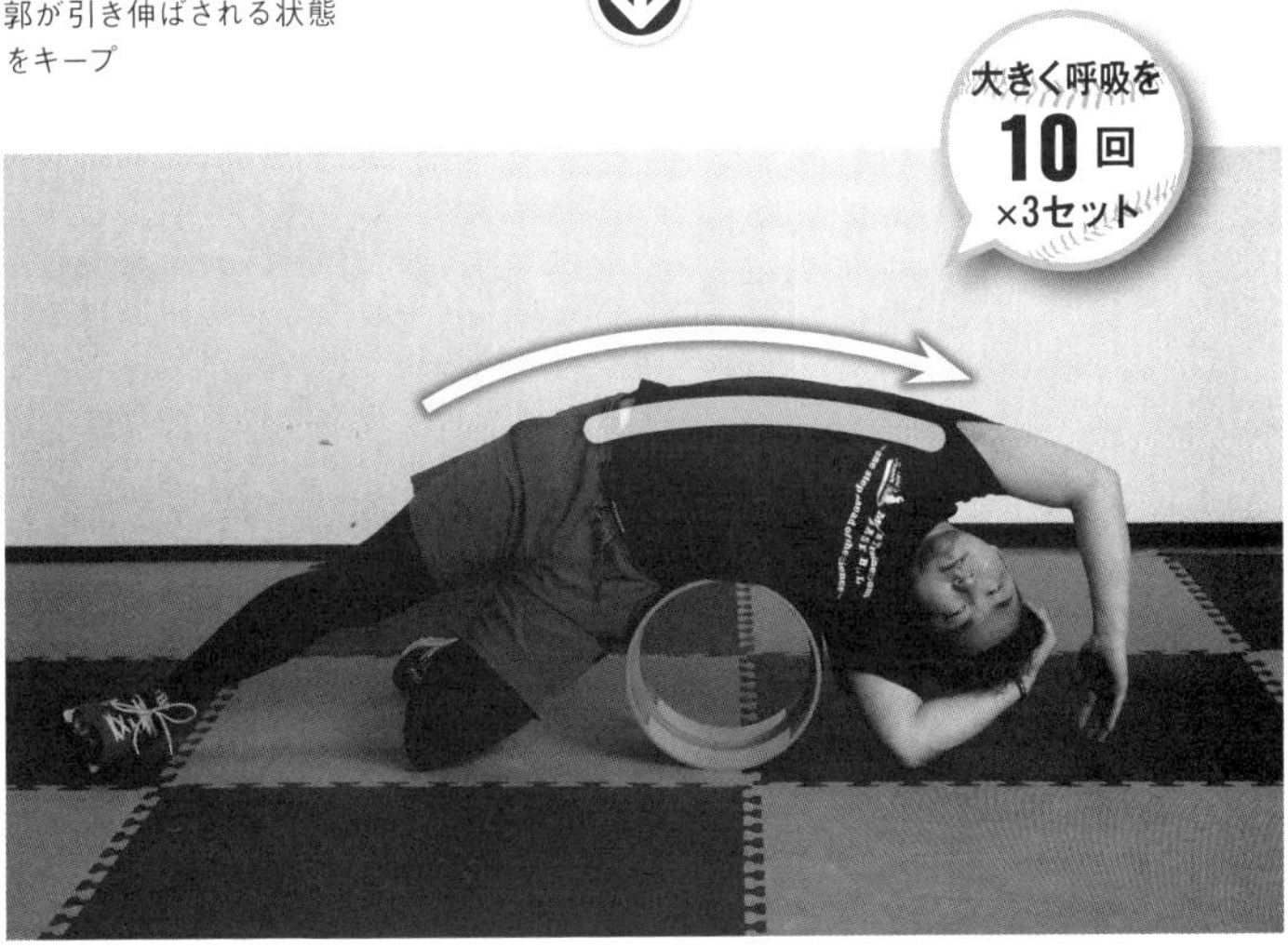

上と同じ動きを左右逆側でも行う。投げるだけなら片方でもいいが、打つ動作では両方の動きが必要になる

コンディショニング④

TOSエクササイズ

ナゼ やるの？

TOS＝胸郭出口症候群は首と胸の間を通る神経が圧迫され、手や首、肩、肘に痛みや痺れが出る障害。球数が増えると制球力が悪化するケースもある。日常的にケアしよう

正面を向き、利き腕の肘を90度に曲げた状態に。補助者に橈骨動脈を触ってもらい、脈拍を確認する

次はホーム方向を向いた時、脈拍が弱くなるか、感じられなくなるかを確認。首の側面にある斜角筋が圧迫され、脈拍が弱くなる人も。手でグー、パーをした際、痺れや痛み、だるさが出たら注意

コンディショニング④　TOSエクササイズ

ITEM

塩ビパイプの両端にゴルフボールをつけ、ビニールテープを巻いた器具。テニスボールなどにテープを巻いてもOK

斜角筋と鎖骨の上・下部それぞれに当て、順番に行う

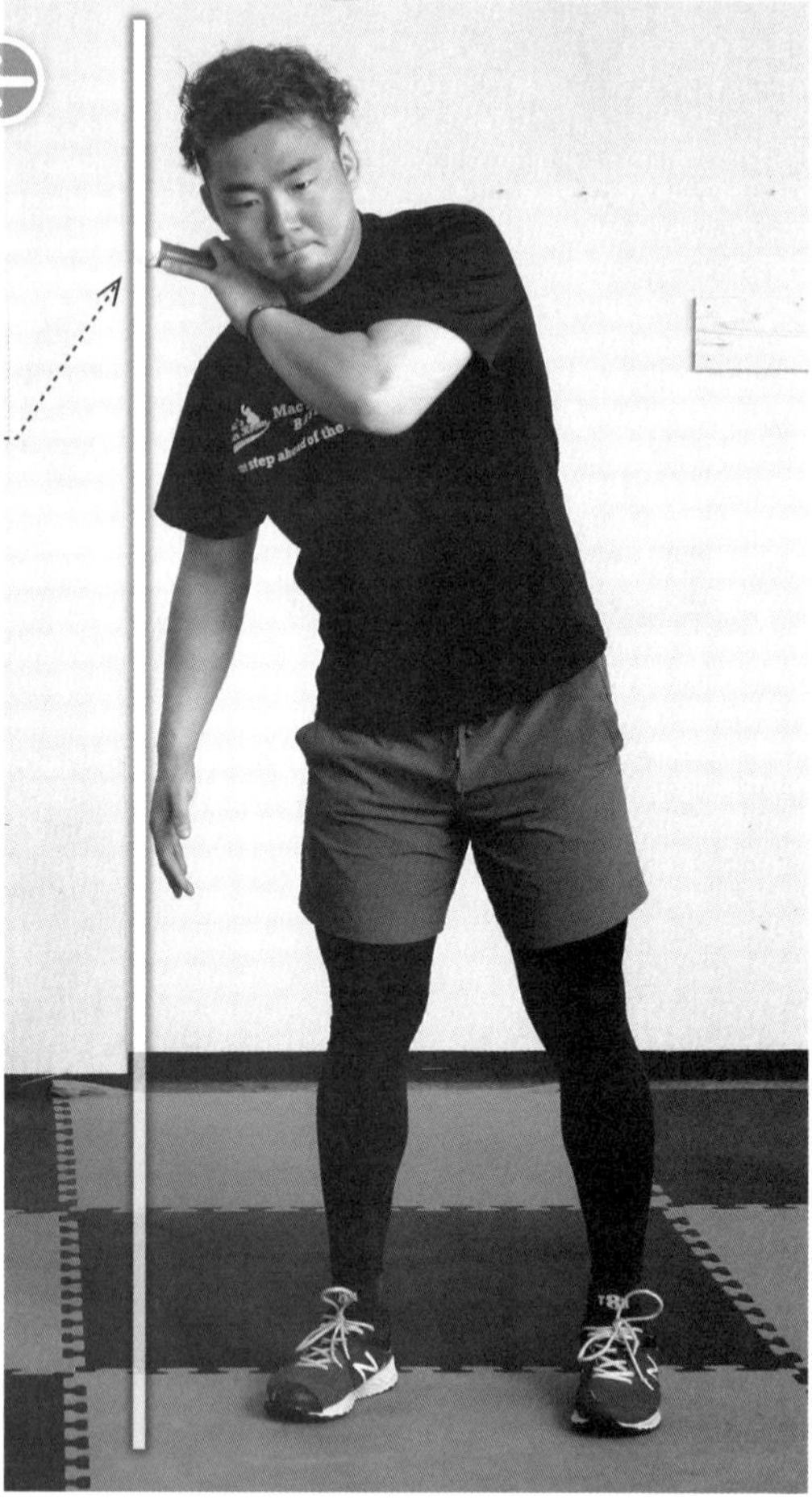

斜角筋と鎖骨の動きを良くする。胸郭出口症候群は投球パフォーマンスにも影響するので、定期的に行おう

前後に10回振る。次はトップの形を作り、上下に10回動かす。その次はテイクバックからトップの動きを10回行う。強さは、射角筋に圧が少し強めにかかる程度で抑える

コンディショニング④ TOSエクササイズ

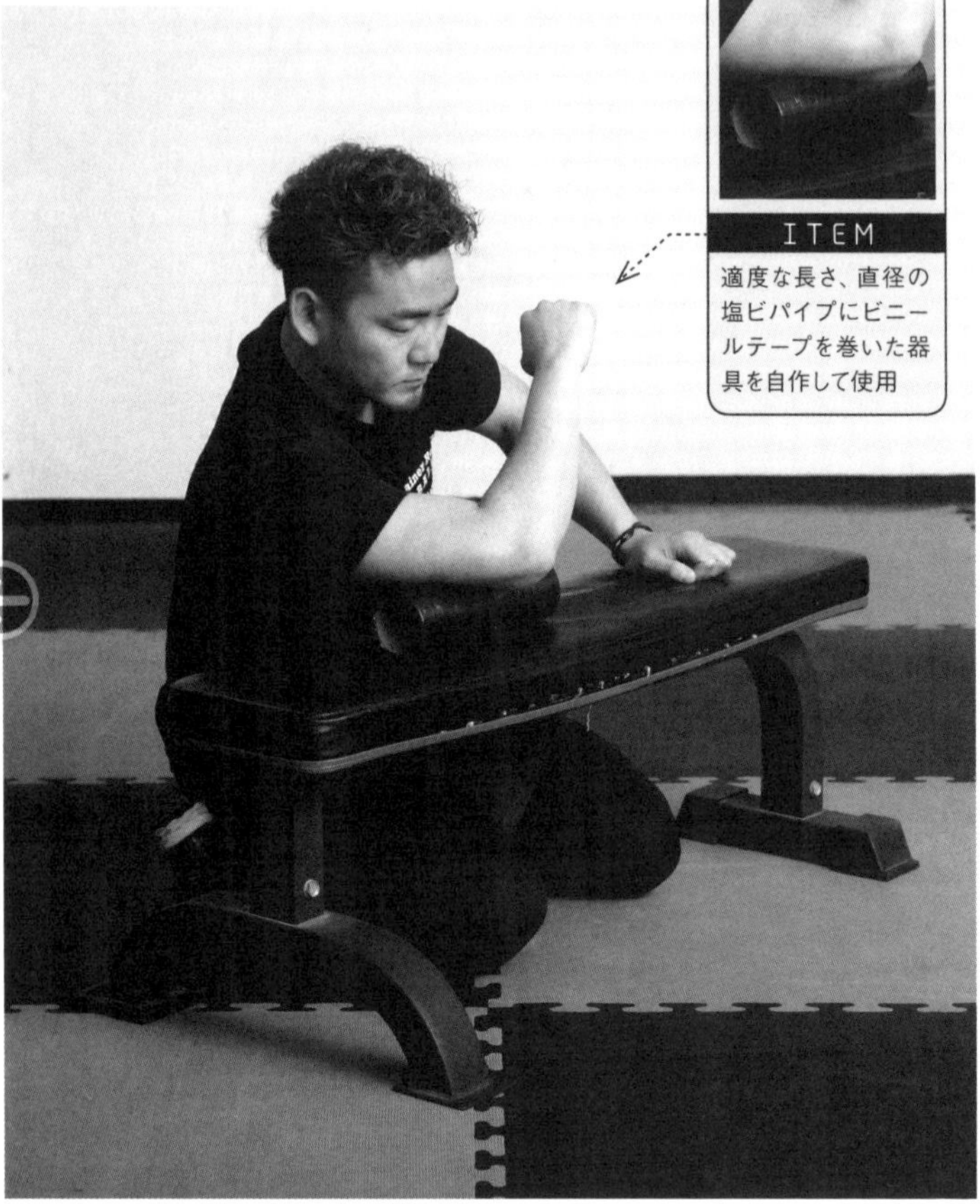

ITEM

適度な長さ、直径の塩ビパイプにビニールテープを巻いた器具を自作して使用

肘を動かしやすい高さの台を用意し、正座の体勢に。ローラーの上に利き腕の肘を置き、上腕三頭筋をほぐしながら前後に転がしていく

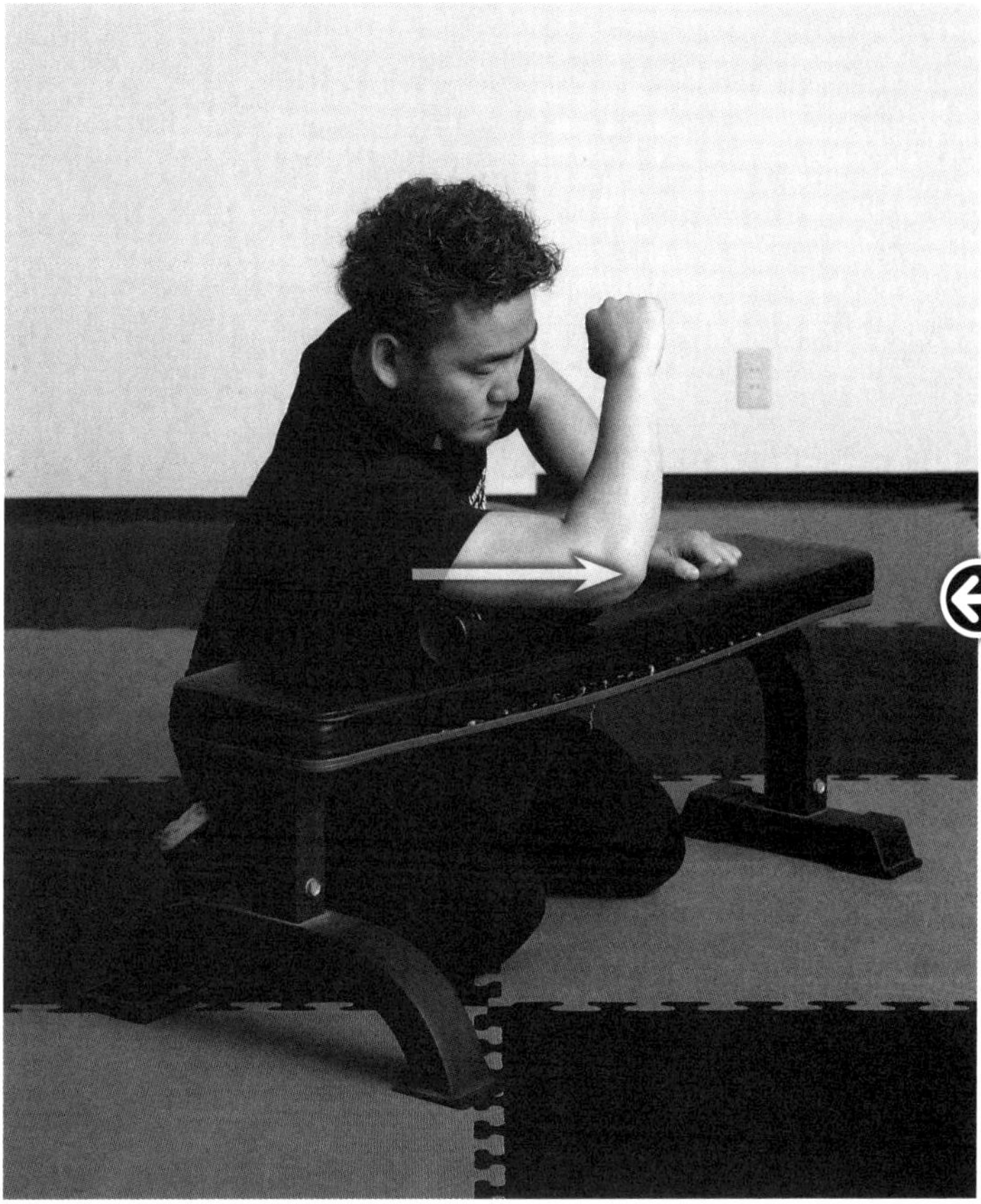

上腕の圧迫されやすいところをエクササイズで柔かくし、胸郭出口症候群を予防。投球動作も行いやすくなる。このメニューを行ったら、P190、191のTOSエクササイズのチェックをして改善されているかを確認しよう

コンディショニング⑤

足のアーチエクササイズ

ナゼやるの？

足の裏の「アーチ」がしっかり出来ていない選手は意外と多い。投球時の並進運動にも直結する部分なので、日頃からしっかりとケアをしてアーチを作っておくことが重要。

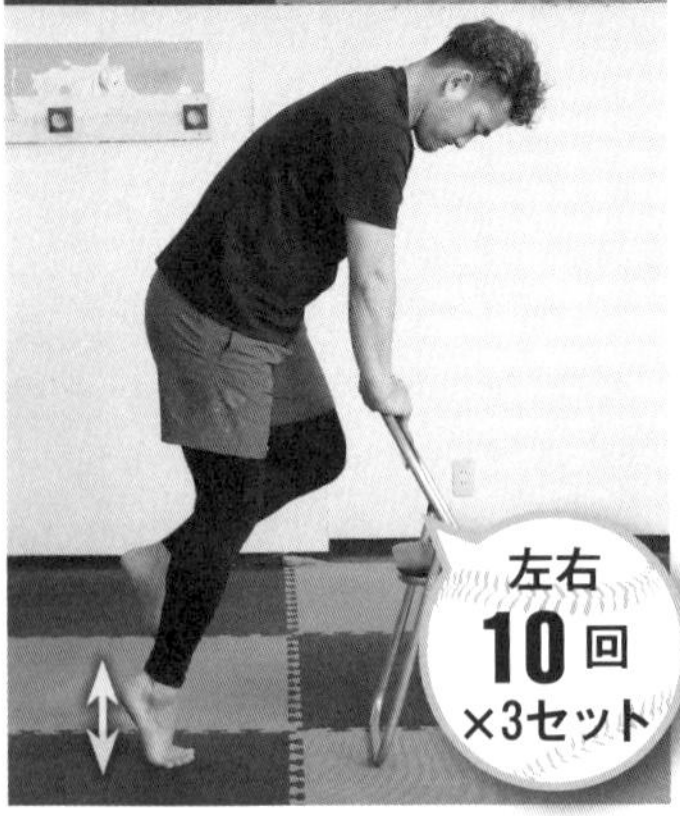

椅子や壁などで体を支えて立つ。両足のかかとを浮かせる→下ろす動きを繰り返す。片足でも同様に行う。かかとを上げたままスクワットを行ってもOK

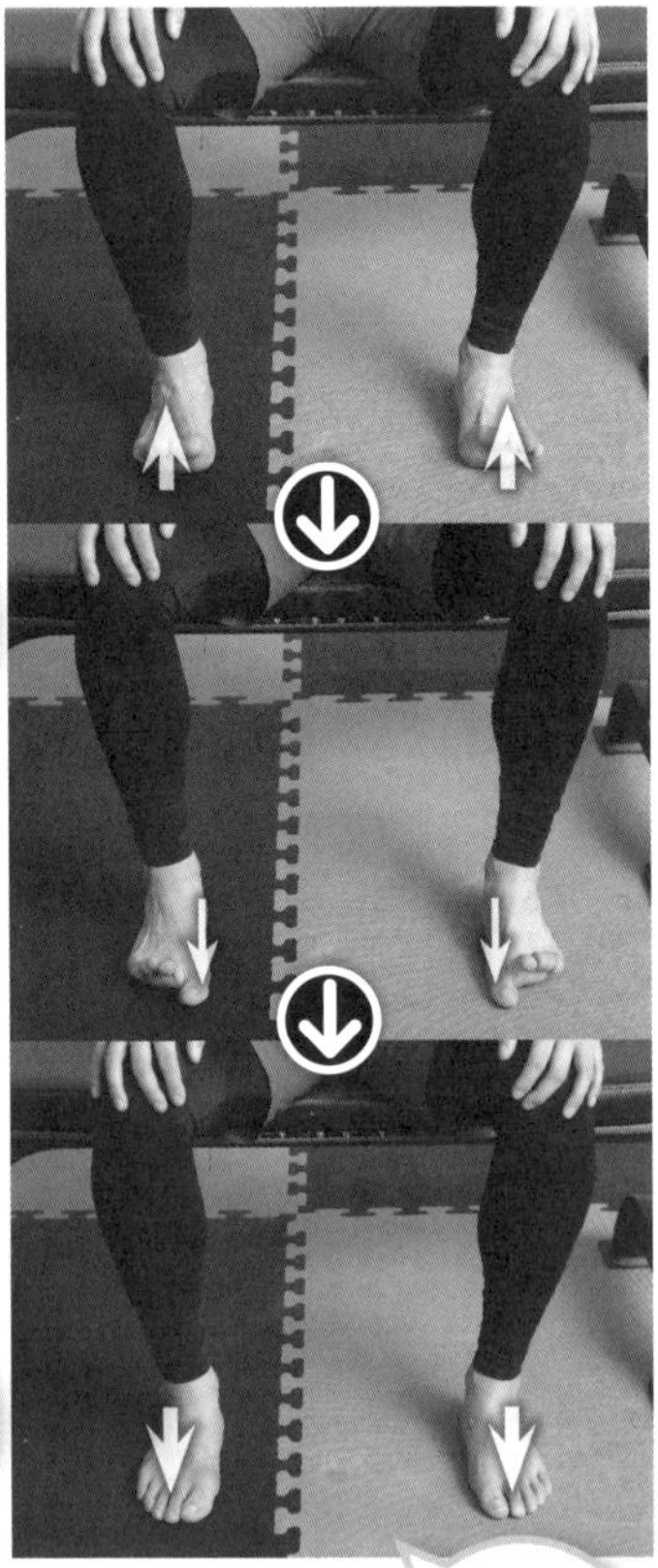

座った状態で両足を床に着け、5本の指をすべて持ち上げる。まずは親指だけを落とし、続いて残りの指を下ろす

10回
×3セット

PART 6

「最新テクノロジー」で投球動作を改善しよう

この章で紹介するトレーニングは、
「Mac's Trainer Room野球トレーニング専門チャンネル」内の
動画で確認することができます。

ラプソードを効果的に活用する

前章までは毎日50分のトレーニングを続けて１４０㎞/hを投げられるようになる方法を紹介してきました。日々の努力で自己のベースを高める一方、大切なのは試合で〝勝てる投手〟になっていくことです。

速い球を投げられるようになると、相手打者を打ち取れる確率が高まります。だから、投手にとって球速は重要です。

しかし、たとえ１６０㎞/hを投げても打たれる場合はあります。球速はあくまでピッチングの指標の一つで、すべてではありません。ストレートの質を高める努力をすると同時に、大事なのはストレートをうまく活かしたピッチングをできるようになることです。

では、具体的にどうすればいいのでしょうか。本章ではラプソードを効果的に活用しながら、〝勝てる投手〟になるための投球法を紹介していきます。

ポータブルトラッキングシステムのラプソードは、ボールの回転数や回転軸、リリース時の腕の位置や角度などを数値で表すテクノロジーです。プロはもちろん、高校や中学でも取り入れるチームが増えてきました。

　ラプソードで計測して自身の現在地が可視化され、トレーニングを積んで球速や回転数を高めたという選手は全国に数多くいます。「データや数値」と聞くと難しそうなイメージを持つ人もいるかもしれませんが、客観的に自分の現状が表れるので、投球改善に必要な点や足りないトレーニングが明らかになります。

　これまで、野球界の指導は「感覚」を中心に行われてきました。コーチと選手の感覚が一致すればわかり合えるかもしれませんが、必ずしもそうとは限りません。特に両者のパフォーマンスラインが異なる場合、ある意味、感覚はズレて当然です。

　ラプソードの利点は、指導者が感覚で捉えたものを客観的データとして視覚化してくれることです。選手とコーチにとって〝共通言語〟ができるので、特に感覚が鋭くない選手にとって役立ちます。

　武田高校からオリックスに入団した谷岡楓太投手は、ラプソードをうまく活用して成長した代表例です。入学時、ストレートの球速が１２５㎞／hだったところからトレーニングを重ねて徐々に球質を改善していくなか、本人は決して感覚的に鋭いタイプではなく、自身の成長をなかなか実感できませんでした。

主観的な感覚では気づきにくい人の場合、数字や映像などの客観的データは特に有効です。例えば自分のストレートが「２５００回転」とデータで明らかになれば、誰が見ても「回転量が多い」とわかります。谷岡投手はラプソードの計測を通じてトレーニングの成果を感じ、日々のモチベーションにしていきました。そうして高校入学時は〝普通の子〟だったのが、合理的に努力を重ねてプロ野球選手になったのです。ちなみに２５００回転は、菅野智之投手（読売ジャイアンツ）や千賀滉大投手（福岡ソフトバンクホークス）と同程度の数値です。

試合で〝勝てる投手〟になるには、自身の武器を磨く一方、どうすれば相手打者を抑えられるかを考える必要もあります。例えば、どんな変化球を身につければ相手打者を抑える確率を高められるか。バッターの視点から見て、どうすればより〝打ちにくい投手〟になるかを追求していくことが大切です。

本書でモデルを務めている赤沼投手は右投げのスリークオーターとサイドスローの間くらいの腕の高さで、リリースポイントが低いという特徴があります。この投球フォームにはシュート成分を活かした球を使いやすいというメリットがある反面、左打者に球の出どころを見られやすい点が課題になりがちです。そうした投手に欲しい球種がシンカー（ツーシーム）。左打者の外角に速いスピードで逃げていく変化球があれば、空振りをとりやすくなるからです。

こうした考え方は「ピッチデザイン」と言われます。その先駆者であるトレバー・バウアー投手（ドジャース）はクリーブランド・インディアンス時代に同僚だったコーリー・クルーバー投手（現ニューヨーク・ヤンキース）のスライダーを〝完全コピー〟しようと考え、まずはデータで特徴を割り出し、自身の投球をハイスピードカメラで撮影してボールの握りや手の角度を調整し、回転数や回転軸を確認しながら理想の変化に近づけていきました。そうしてスライダーや各球種を磨き、２０２０年にはサイ・ヤング賞を獲得しました。

データから逆算してフォームを探る

ラプソードは投球フォームを固める上でも有効です。例えばストレートを投げて前回は２５００回転だったのが、今回は２３００回転に下がったとします。本人は同じように投げているのに２００回転も落ちたのは、ピッチングに何らかの問題があるということです。

そこでラプソードのデータを見ると、今回はジャイロ成分（進行方向への傾き。詳しくは後述）が多くなっていました。本人はストレートのつもりで投げたのに、カットボールのように変化していたのです。

そうした球を意図的に投げているなら問題ないですが、ストレートのつもりで投げたのにカットしている場合、改善が必要です。握りやフォームに気をつけ、前回と同じストレートを投げられるように試行錯誤しましょう。これをイメージだけで行うのは難しいかもしれませんが、ラプソードとハイスピードカメラを組み合わせて使うことで、感覚を調整しながら自分の理想に近づけていきやすくなります。

以上のように、ラプソードには様々な活用法があります。データを参照しながら、自身の感覚を磨いて投球パフォーマンスの改善につなげていきましょう。そうして複数のピッチトンネルを形成できるようになったり、わざとピッチトンネルから外れる変化球を使えるようになったりしたら、試合で勝てる回数は増えていくはずです。

本章ではラプソードに馴染みのない投手がどのように活用していけばいいのかとい

う「初級編」から、プロ野球投手も実践している「中級編」や「上級編」まで紹介していきます。日本全国にラプソード計測できる施設は増えているので、興味のある方は試してみてください。まずは本章で考え方を知るだけでも、ピッチングへの理解が深まると思います。せっかく今の時代に生まれてきたのだから、テクノロジーをうまく使って〝勝てる投手〟を目指しましょう。

❷回転（回転方向／ジャイロ角度）

SPIN DIRECTION＝回転方向。ボールの回転軸がどこにあるか、「1:48」のように時計の短針が向く位置で表される。GYRO DEGREE＝ジャイロ角度。水平方向に対する回転軸の角度を表す。

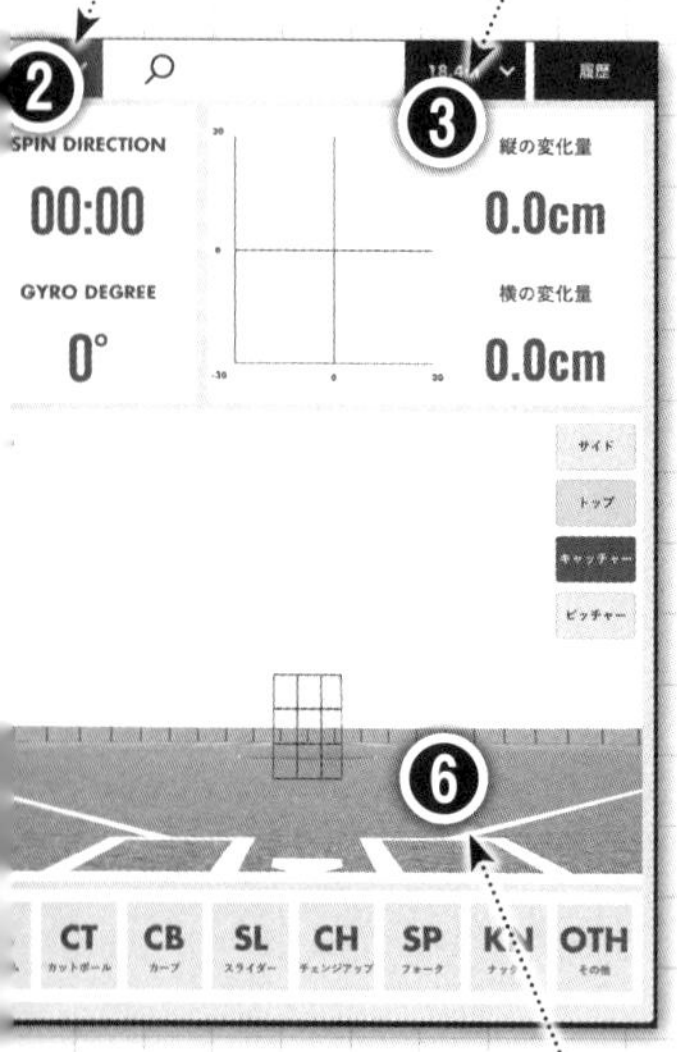

❸変化量

投手の視点から見て、ボールが縦、横にどれだけ変化したかを表す。実際に投げた球は重力の影響を受けるが、この指標では重力によるボールの変化量は反映されず、ボールの回転による変化量だけが示される。座標原点から上はホップ成分、下はドロップ成分、右はシュート成分、左はジャイロ（スライド）成分。一般的なストレートはホップ成分とシュート成分がプラスになり、座標の右上に表示される。

❻3D投球軌跡

マウンドからホームまでボールが描いた軌道が3Dで表示される。

❶球速

ボールの球速を表す。投げた球数全体の平均球速と最速も表示される。

❹回転効率

SPIN EFFICIENCY＝回転効率。トップスピン、バックスピン、サイドスピン、ジャイロスピンの合計値がTOTAL SPINで、そこからジャイロスピンを引いたものがTRUE SPIN。「TRUE SPIN÷TOTAL SPIN＝SPIN EFFICIENCY」となり、総回転のうちどれだけ変化に効果を及ぼしたかの割合を表す。

❺ストライクゾーン／リリース

RELEASE ANGLEはリリース直後のボールの上下角度を表示。ストレートはマイナス2度から0度、変化球は1度から3度が一般的。0度で投じられたストレートはストライクゾーンの高めに合いやすく、3度はやや上向きに発射されている（カーブがこれくらい）。HORIZONTAL ANGLEはリリース直後のボールのサイド角度。投手の視点で、手元より右の角度にボールがリリースされた場合はプラス、手元より左の角度にボールがリリースされた場合はマイナスの数値になる。リリースポイントの横の幅はマウンドの中心からの距離、縦の高さは地上からリリースポイントまでの距離を表す。

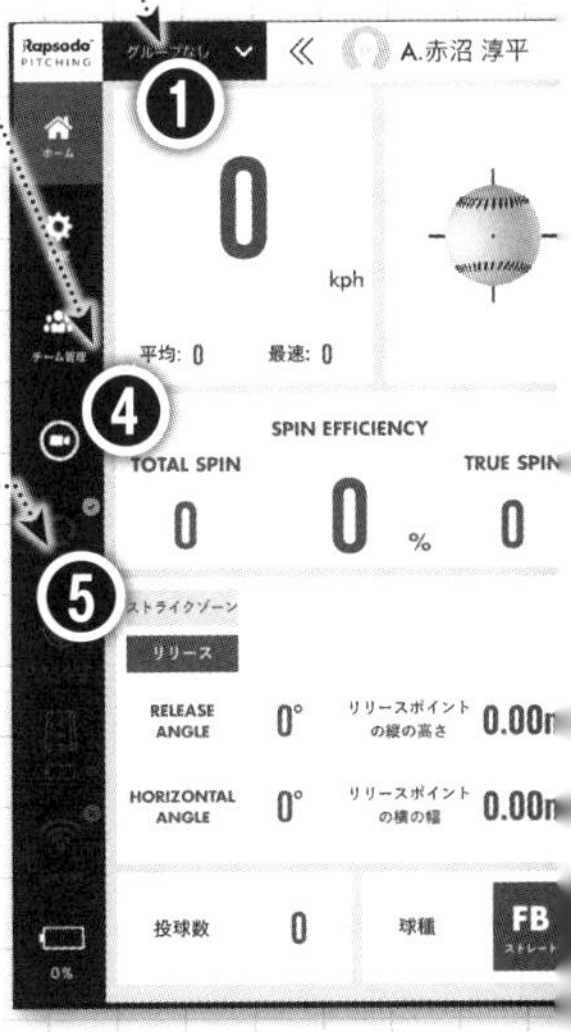

「ストレート」ってどんな球？

投手にとって、ピッチングの軸になる球種がストレートです。質の高いストレートを投げるためにも、まずは「ストレート」とはどんな球かを整理しましょう。

日本では「真っすぐ」や「直球」とも言われますが、アメリカでは「フォーシーム」（Four-seam fastball）と呼ばれます。文字どおり、ボールが1回転する間に縫い目が4回現れるからです。「ツーシーム」（Two-seam fastball）はボールが1回転する間に縫い目が2回通過します。

日本では伝統的に「きれいなスピンの効いた真っすぐを投げろ」と指導され、ストレートが「シュート回転する」のはよくないとされてきました。しかしストレートをラプソードで測定するとわかるように、決して〝真っすぐ〟の軌道を描くわけではありません。必ず何らかの変化をしています。

メジャーリーグでは昨今、ゲリット・コール投手（ヤンキース）やジャスティン・バーランダー投手（ヒューストン・アストロズ）など、一定以上のホップ成分やシュート成分を含むフォーシームを投げる投手が活躍しています。シュート回転するのはある意味〝普通〟のことで、逆に武器としても使えます。

例えば、本書のモデルを務めている赤沼投手はスリークオーターとサイドスローの間くらいとリリースポイントが低いため、ストレートにはシュート成分が多く、投手から見て右斜め上方向にホップします。赤沼投手はこうした特徴を活かし、〝動くボール〟を武器にしています。対して、オリックスの山岡投手はオーバースローでリリースポイントが高いため、ストレートはシュート成分が少なくホップします。

山岡投手、赤沼投手ともに回転効率の高いストレートを投げている一方、シュート成分が異なるのは投球フォームにも関係があります。回転効率の高いストレートを投げるには腕を振る角度とボールの回転軸を合わせる必要があり、この角度がフォームの異なる両投手では変わります（Ｐ１５３のスピンアクシスボールを使った練習法を参照）。

ストレートのホップ成分を多くするには、回転効率を高めることがポイントです。回転効率が１００％に近いほど、きれいなバックスピンの回転軸で投げられています。つまり、ボールに最大限の変化量（TRUE SPIN）を与えられているということです。

PART 6

よく、「きれいな回転のストレートはホップしている」と言われますが、実際にボールが浮き上がるわけではありません。ピッチャーが投じたボールは、重力の影響で落ちながらキャッチャーに到達します。それでも打者から「ホップしている」ように見えるのは、「マグヌス効果」が働いているからです。

ストレートにはバックスピンがかけられているため、ボールの上側では回転方向と空気の流れが同じになり、空気の流れが速くなります。逆にボールの下側では回転方向と空気の流れが反対になるため、空気の流れが遅くなります。そのため下から垂直に押し上げるような力（マグヌス力）が働きます（Ｐ２０９参照）。こうした現象により、打者の目には「きれいな回転のストレートはホップしている」ように見えるのです。

ストレートの回転効率を高めようと取り組む際、シュート回転を過度に気にしないでください。繰り返しになりますが、シュート回転するのは普通で、必ずしも悪いことではありません。

逆に、日本のアマチュア投手はストレートをシュート回転させないように意識するあまり、ジャイロ成分が多くなり、回転効率の悪い〝カットボール〟になっているケースがあります。バックスピンをかけるストレートにジャイロ成分が含まれている場

マグヌス効果

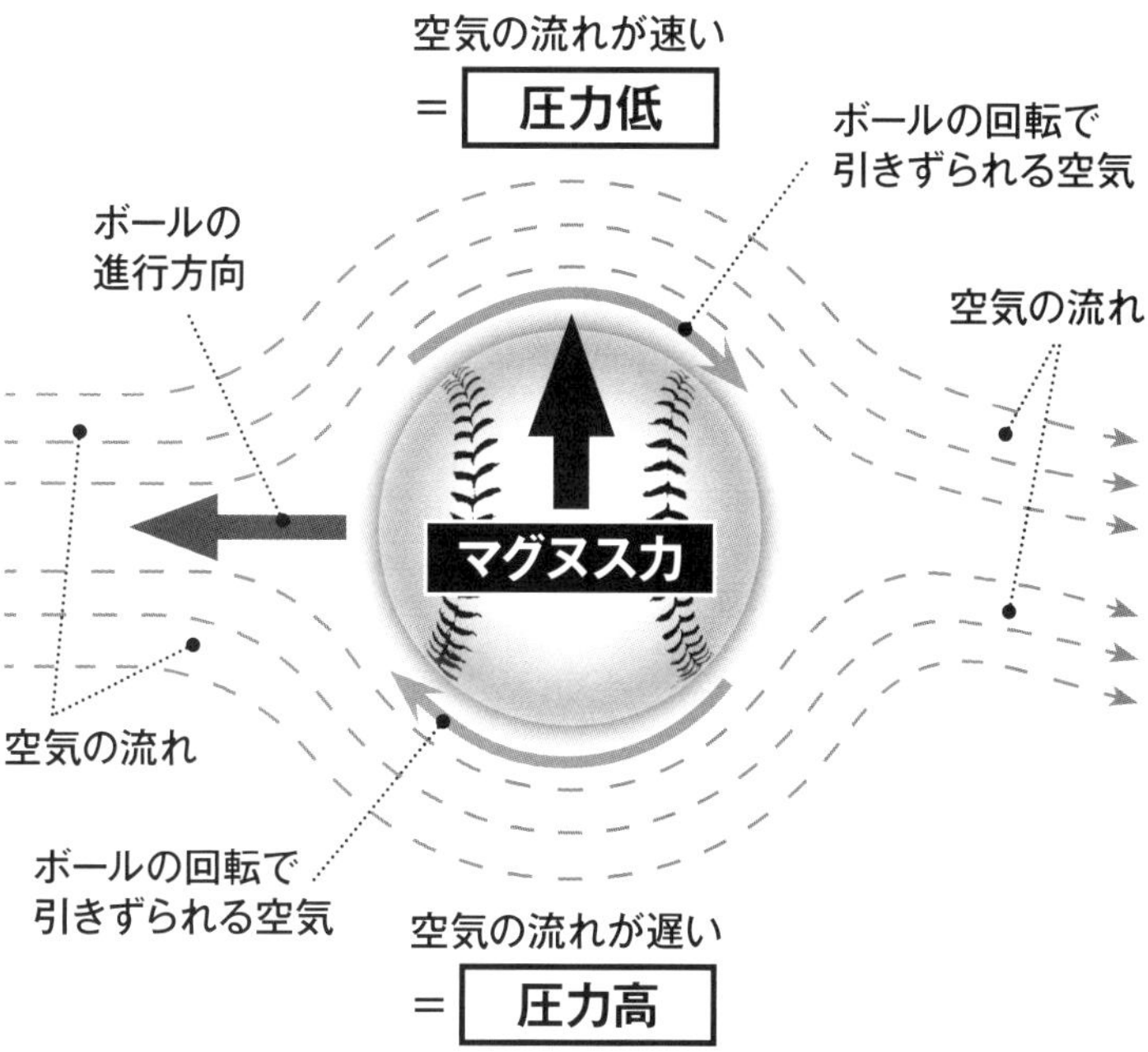

合、ボールの軸が腕の角度より傾き、回転効率が下がっている可能性が考えられます。

ジャイロ回転は、Ｐ１５２で紹介したアメフトボールのような回転の仕方です。銃弾と同じように、螺旋状に回りながら飛んでいきます。スライダーなどの変化球も、こうした回

ボールの回転方向のイメージ
（投手側から見た場合）

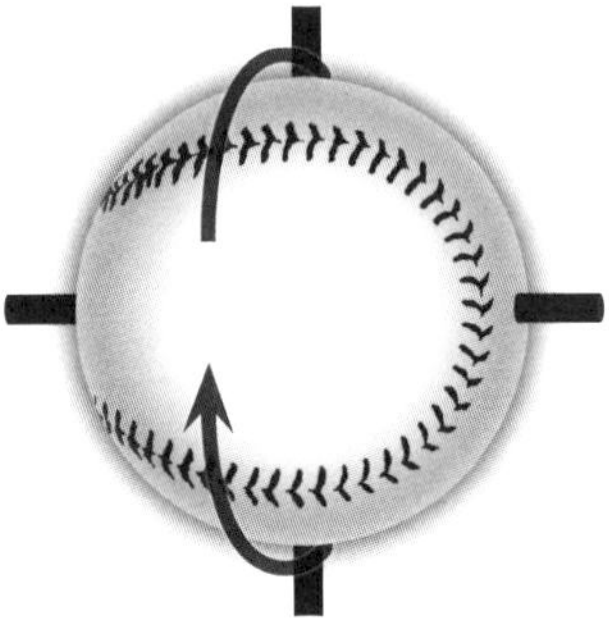

トップスピン

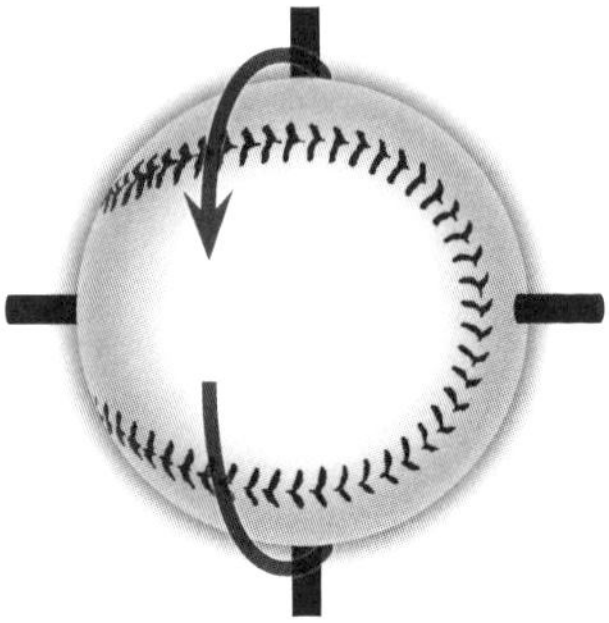

バックスピン

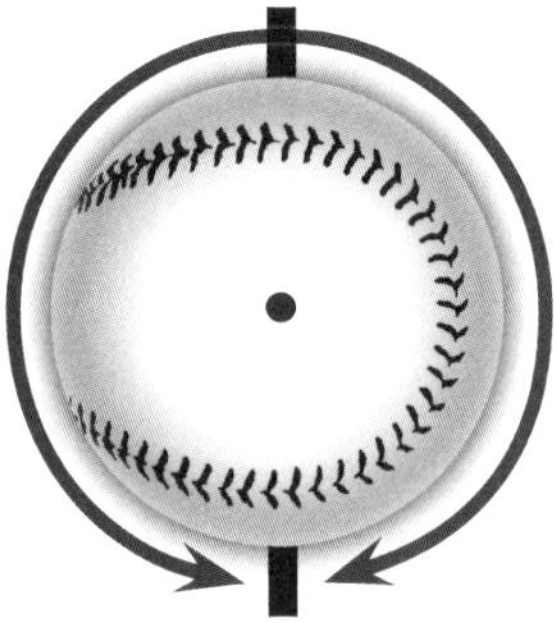

ジャイロスピン
（ジャイロ回転）

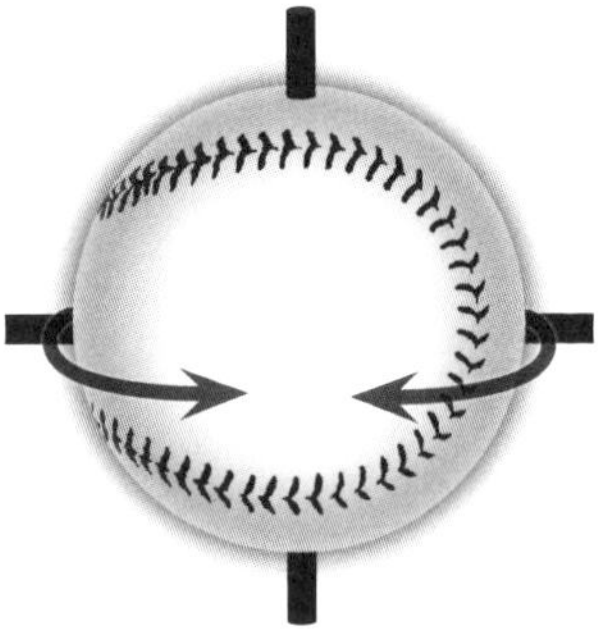

サイドスピン

転をしています。

スピンの仕方が異なるストレートと変化球では、回転軸の傾きが変わります。バックスピンをかけるストレートは、目安として右投げなら時計の12時～2時、左投げなら10時～12時に傾いています。一方、ジャイロ回転をかける変化球（スライダー、カットボール、スプリットなど）は軸の傾きを変えることで、ボールの変化の仕方も様々に変わっていきます。

例えばスライダーを投げる際、ジャイロ回転の軸を上に傾けると（目安としてジャイロ角度は65～74度）、スライド方向のサイドスピン成分が加わり、横滑りするように曲がります。一方、ジャイロ回転の軸を左に傾けると（同ジャイロ角度は85度以上）、トップスピン成分が加わり縦スライダーになります。スピンアクシスボールで回転軸を変えて投げると変化の違いがわかりやすいので、試してみてください。

ストレート、変化球ともに大事なのは、自分はどういう質のボールを身につければ相手打者を打ち取れるかを突き詰めることです。ラプソードを効果的に活用し、自分の特徴を最大限に活かせる投球スタイルを築き上げましょう。

TRUE SPINのボールに働く力（バックスピンの場合）

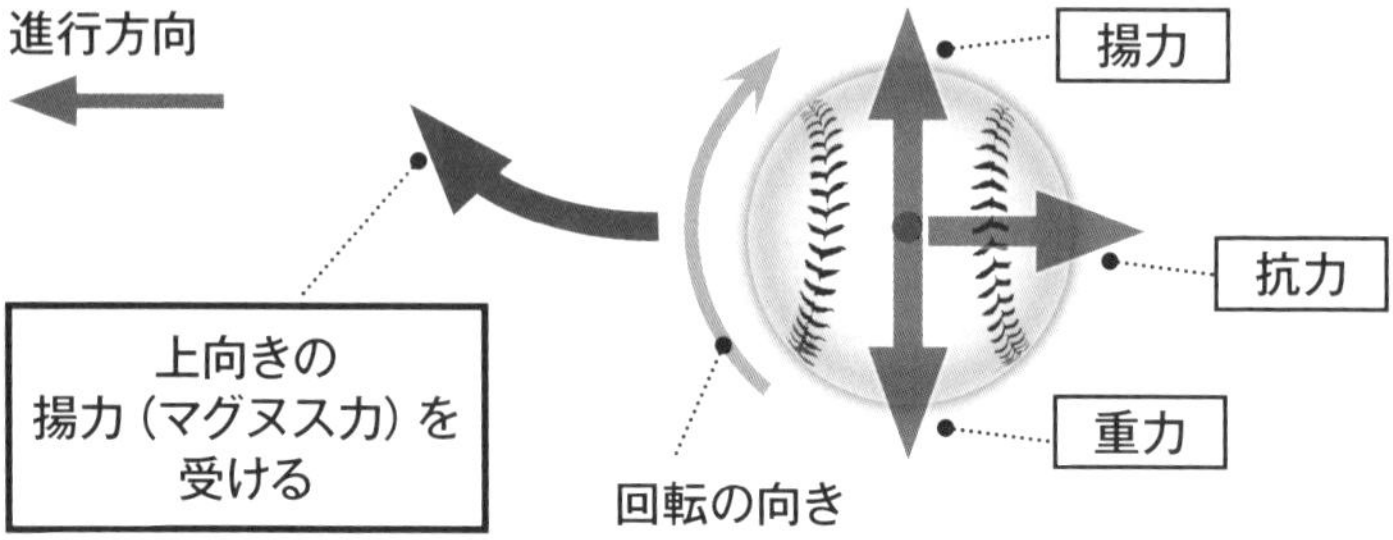

ジャイロ回転のボールに働く力

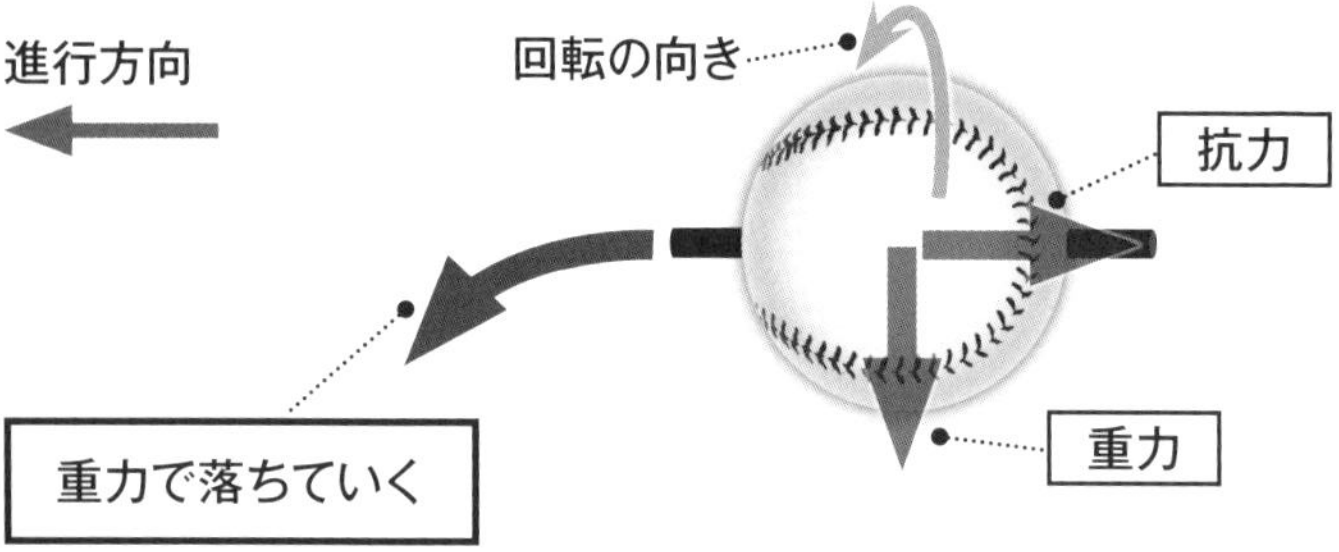

バックスピンとジャイロ回転のボールの軌道の差（一塁から見た場合）

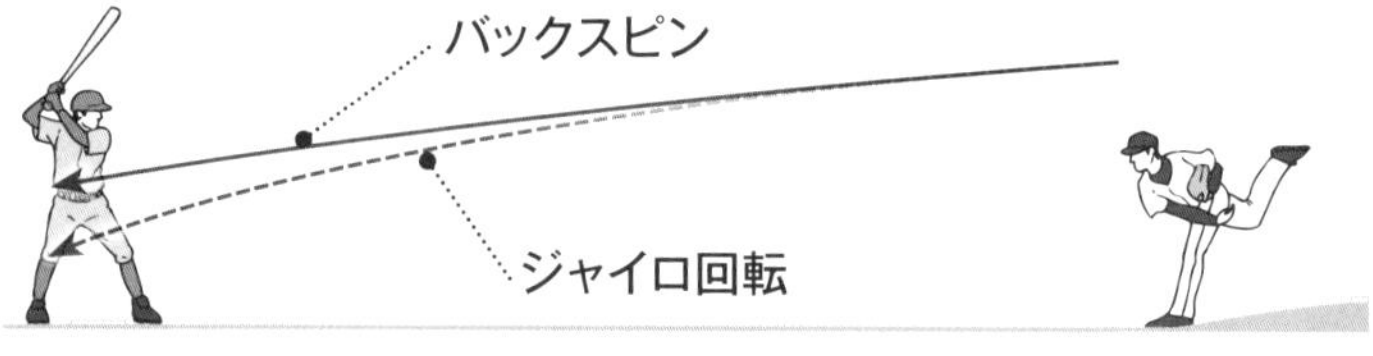

ジャイロ回転軸の傾きと変化の関係

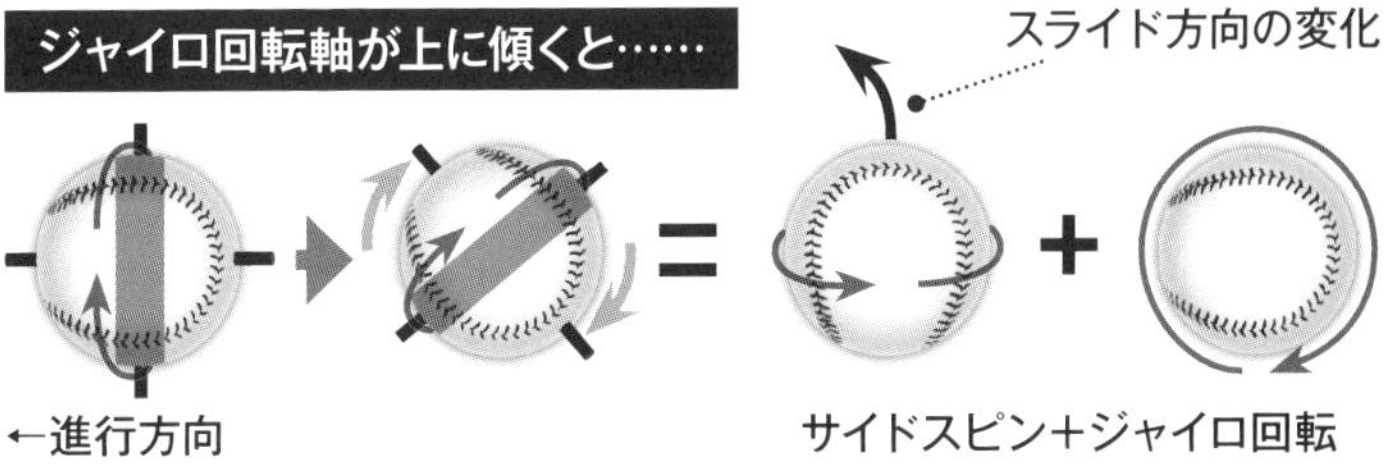

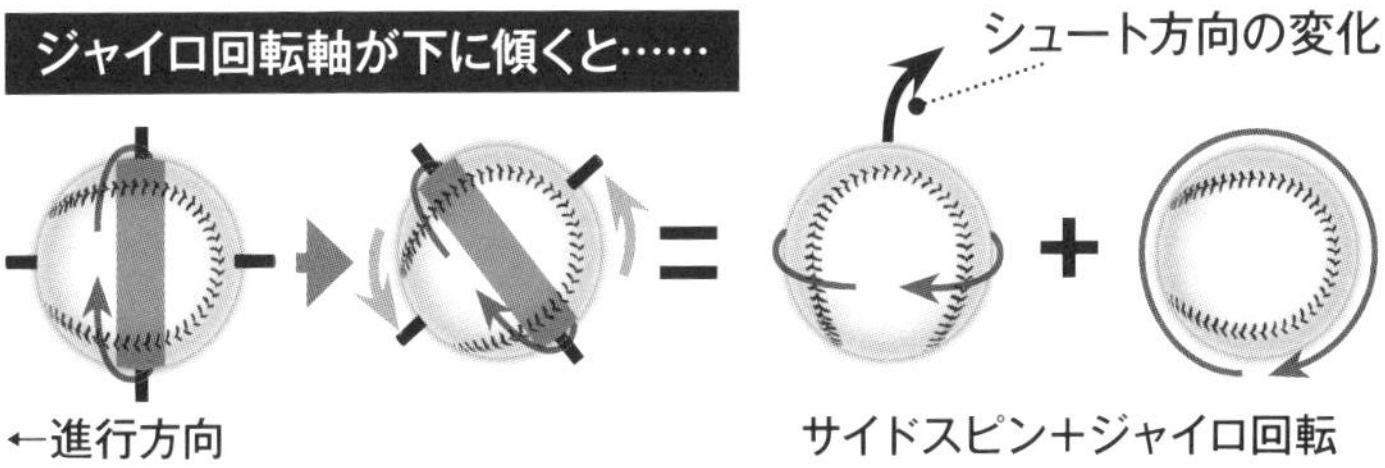

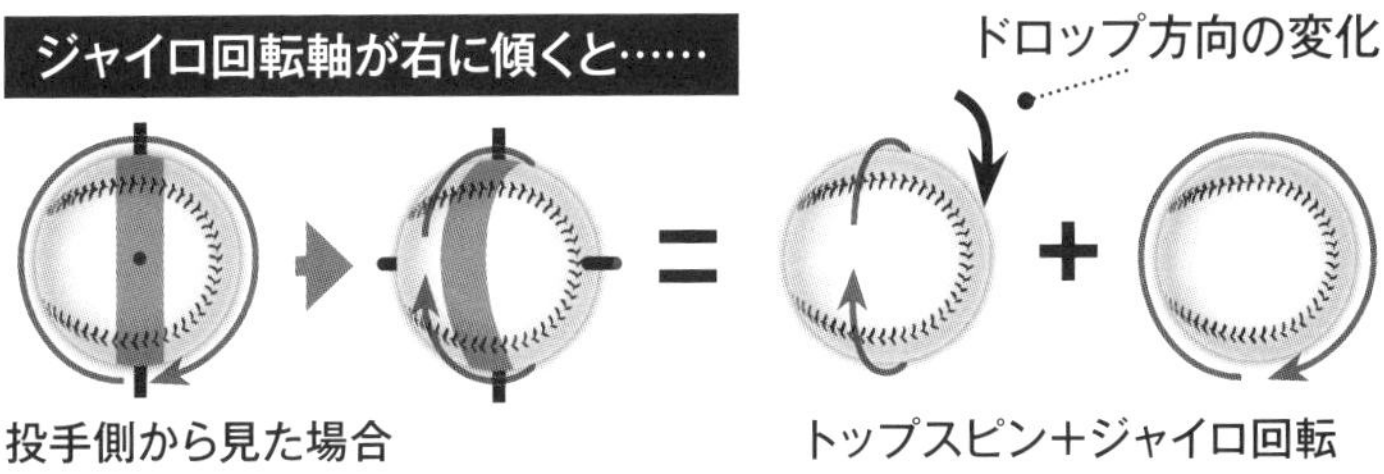

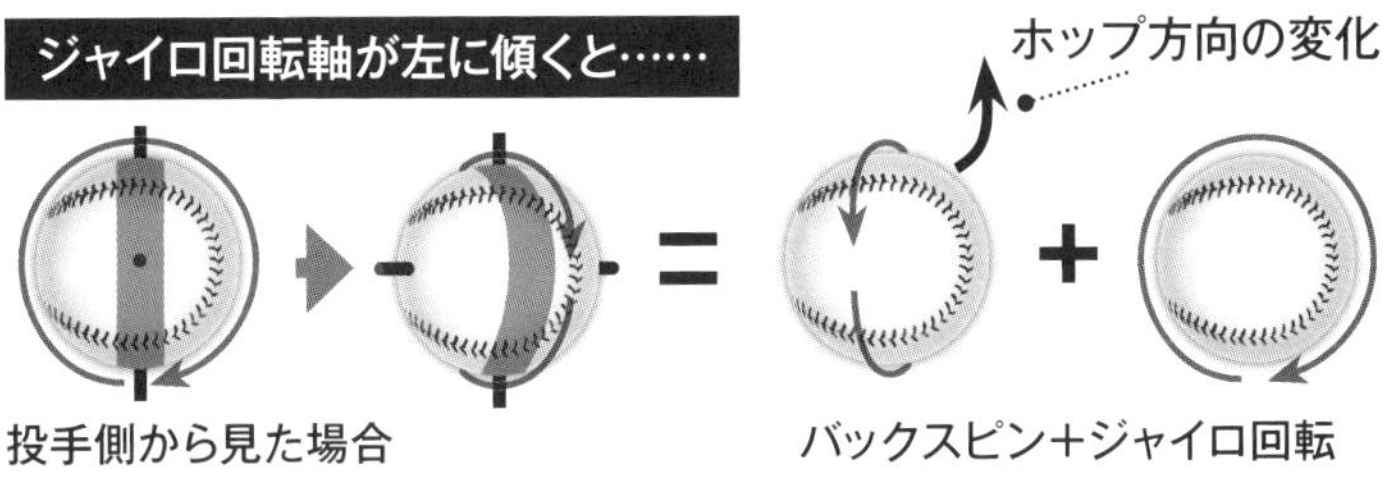

強い球と弱い球

本章はラプソードを使いながら感覚を磨き、〝勝てる投手〟になることをテーマにしています。ただし、ラプソードはすべての感覚を数値化できるわけではありません。例えば、〝強い球〟や〝弱い球〟と言われるものがあります。現状、ラプソードでは球威を計ることはできませんが、選手たちは実際に感じています。赤沼投手はストレートを投げる際、「ボールを動かしながら〝強い球〟になるように意識しています」と話していました。

２０１８年に日米野球で侍ジャパンがメジャーリーグと対戦した際、秋山翔吾選手（現シンシナティ・レッズ）はこんな感想を述べています。

「（メジャーリーガーは）ファストボールが強いという印象を打席の中で受けました。（11月9日の試合で5回に）二塁打を打った打席も、あそこまで押されるかというくらいで、打った瞬間すぐに走れなかったくらいボールに力を感じました」

本書では「質の高いストレート」という表現を度々使っていますが、速さはあくまでその要素の一つです。同時に大事なのが、〝強い球〟を投げること。5章までのトレーニングで意識してきたように、後ろ足の外旋から股関節、腹筋、胸部と身体を連動的に使って力を生み出し、そのパワーをボールにうまく伝えられた時、〝強い球〟を投げられるというイメージです。

逆に言えば、〝弱い球〟は力が十分に伝わっていません。例えば肘を抜くようにして投げれば〝きれいな回転の真っすぐ〟になり、「回転効率」も上がって数字上は「質の高い球」にも見えるかもしれません。しかし、それでは下半身から生み出した力がボールに伝わらず、〝弱い球〟になります。打者のレベルが上がれば、速いだけでは打ち返されてしまいます。

赤沼投手のストレートはシュート成分が多く、〝きれいな真っすぐ〟ではありませんが、強さを備えたフォーシームです。出力が高く、腕の位置が低いという彼の特徴が表れた軌道を描いています。

球威のあるストレートを投げるには、自分にとってどんな軌道が理想的なのか。本章を参考にしながら見つけ出してください。

ラプソードをどう使うか

【初級編】

ボールの「再現性」を高めよう

ピッチングで重要なのは「再現性」を高めることです。そのために土台となるのが投球フォーム作り。リリースポイントが安定しない、コントロールにばらつきが大きいなど、自分の球が思うように投げられない場合はラプソードで計測してみましょう。各種の数値から、投球フォームにおける課題や改善点を推察することができます。

例えば右投手が右打者に対してよくあるのが、内角高めには強いストレートを投げられるものの、外角に投げると弱くなるケースです（理由は後述します）。そこで各コースについて変化量のデータを見ると、外角のストレートは回転効率が下がり、ジャイロ成分が含まれていました。

外角に投げると弱くなる原因として考えられるのが、股関節が硬くて骨盤が回り切れないために腕でコントロールしようとしている影響か、あるいは目線の問題か。何かしらの理由があるので、５章の投球チェックポイントでスクリーニングをかけてみてください。柔軟性に問題があれば、日々の努力で柔らかくしていきましょう。外角にしっかり前足を踏み出し、骨盤を回すイメージを作るには、コアベロシティベルトを使ったメニューも有効です（Ｐ１５０参照）。

ラプソードはプロや社会人など上級者に活用されているイメージがあるかもしれませんが、発展途上の中高生にも効果的です。データは自分を映してくれる〝鏡〟なので、定期的に計測してみてください。トレーニングの成果を確認でき、今後必要な要素も見えてくるはずです。トレーニングと連動して使うことで、相乗効果を生み出すことができます。

加えて、ラプソードはピッチデザインにも活用できます。右投手が右打者の外角に対して球威が弱くなるという例を先述しましたが、じつはよくあるケースです。身体動作的に言うと、右投手が右打者に最も投げやすいのは内角高めで、逆に一番難しいのが外角低め。内角より外角の方が、股関節や胸郭の可動域が必要になるからです。

　右投手が右打者の外角低めに投げづらいケースでは、プレートを踏む位置を見直すのも一つの解決策です。一塁側のプレートから外角低めに投げるのは角度がつきにくく、特に腕の位置が低い投手の場合、ストレートがカットボールのように変化することもあります。それなら三塁側のプレートを踏み、シュート成分の強いストレートを活かすピッチングの方がいいかもしれません。プレートを踏む位置は大事なので、さまざまな観点から模索してみてください。

　投手にとって、ピッチングの「再現性」は永遠のテーマとも言えるものです。その土台となる投球フォームを固めることで、〝勝てる投手〟に近づいていくはずです。ラプソードを有効活用し、まずは投手としての基盤を固めましょう。

ピッチトンネルを一つ作ろう

　近年、「ピッチトンネル」という言葉をよく聞くようになりました。投手と打者は18・44mの距離で対峙し、140㎞/hのストレートは約0・45秒でキャッチャーミットに到達します。一方、打者がコースや球種を判断し、打ちにいくと決めるまでに使える時間は、物理的に考えて０・２秒未満。距離に直すと、ホームベースから７・２ｍの空間に到達するまでに打ちにいくかの判断を求められることになります。

逆に言えば、投手はこの条件を利用して打ち取りにいくことができます。ホームベースから７・２ｍのところに仮想空間「ピッチトンネル」があるとし、この小さい輪の中に同じ軌道でストレートと変化球を通していけば、打者は球種を判断しづらく、アウトにする確率を高めることができます（Ｐ２２０参照）。打者は基本的に投球の軌道をイメージして打ちにいくので、「錯覚」を利用して打ち取りにいくわけです。

そこで入門編として、まずはピッチトンネルを一つ作れるようになりましょう。その第一歩が、全投球の70％以上でストライクをとれるようになることです。

なぜ70％以上のストライク率が必要かと言うと、60％のストライク率では５球を投げた場合、３球がストライク、２球がボールです。ストライク率50％に下がると、ストライクとボールはそれぞれ２・５球。これでは常に四球のリスクがつきまとい、とにかくストライクをとることが最優先となり、ピッチトンネルを作る余裕が生まれません。まずは70％以上の確率でストライクをとれるようになりましょう。

そのためには覚える変化球の選択もポイントです。ストライク率を高めるために有

ピッチトンネル

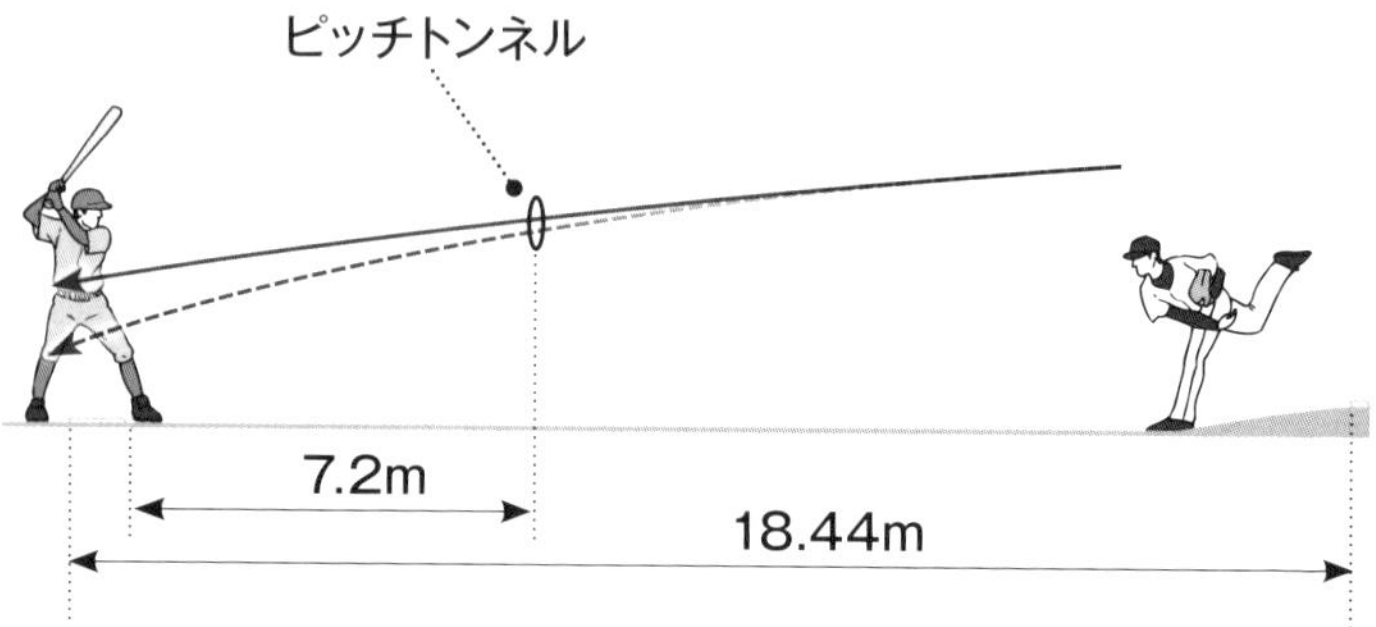

効なのが、カットボールやツーシーム、チェンジアップなど〝小さく〟変化する球種。これらはすべて、握りを変えるだけでストレートと同じ投げ方です。変化が小さいのでストライクをとりやすく、打者の手元で変化する球種なのでピッチトンネルも作りやすい。つまり「錯覚」を起こしやすくなるので、ストレートに強い打者にもバットの芯を外して打ち取ることができます。

一方、日本ではスライダーやカーブなど〝大きく〟変化する球種が高校野球でもよく投げられていますが、これらをコントロールするのは容易ではありません。単純に曲がり幅が大きいので、捕手の構

ピッチトンネル

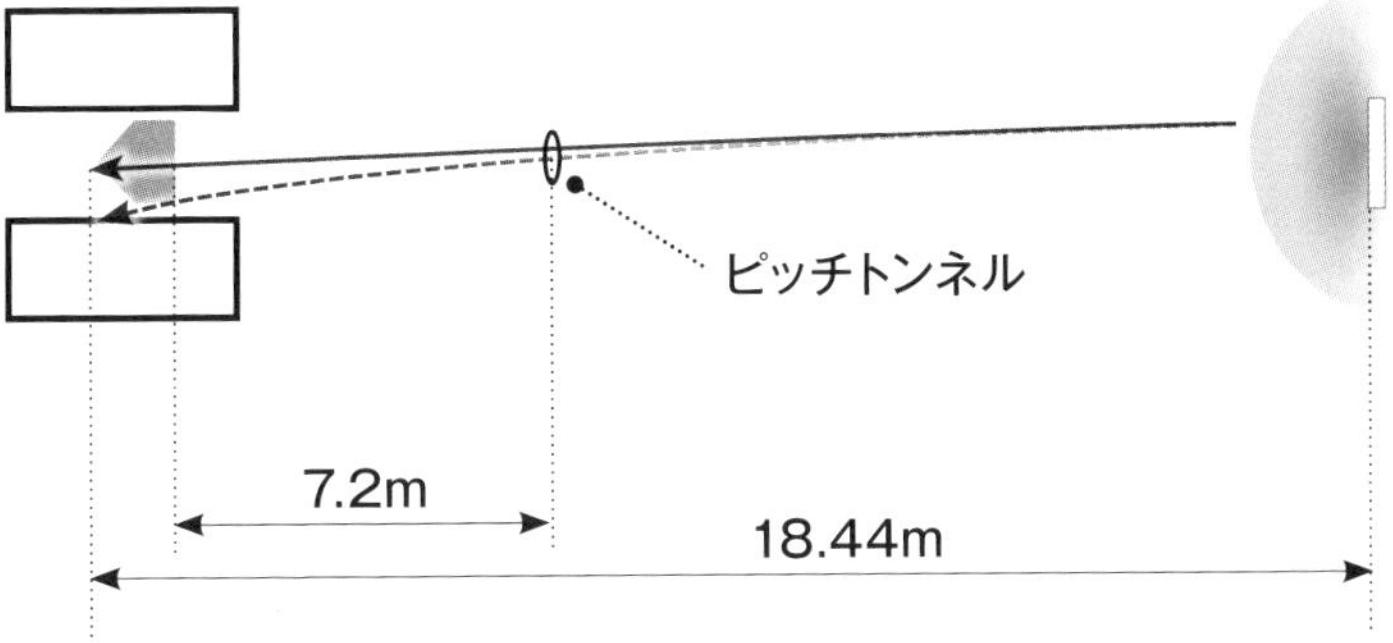

えた位置＝終着点に投げようと思うと、かなり前の地点から曲げていく必要があります。

スライダーを大きく曲げようとして手首をひねって投げる投手もいますが、それでは制球が難しくなるばかりか、肘への負担もかかります。回外、つまり腕が外側に回りながらリリースされるストレートとは逆の動きになるので、ストレートを投げる際に悪影響が及び、球威や制球力の低下を招くケースも少なくありません。

カーブは3度程度の発射角度で投じられる場合が多く、同じ角度でストレートを投げると、いわゆる〝クソボール〟というほど高めに行きます。これではピッチトンネルを作れません。一般的にストレートの発射角度は0度程度ですが、カーブとストレートでリリースの発射角度を変えると、ボールの出どころで球種を見極められます。さらに投手自身も、リリースポイントがよくわからなくなるリスクもあります。

大きく曲がる変化球は難度が高いので、まずは小さい変化球を覚え、ピッチトンネルを作って打ち取っていきましょう。その際に実践してほしいのは、マウンドで黙々と練習するだけでなく、打者を立たせて反応を確かめることです。自分ではピッチトンネルを作れるようになったと思っても、相手バッターには見極められる可能性もあるからです。投手にとって大事なのは、いかに実戦で抑えるか。そのためにも、本番に近い環境で試してみてください。

各変化球の解説

本書で紹介する変化球は握り方やボールの角度（回転軸）を変えるだけで、ストレートとまったく同じ投げ方です。見た目には〝小さい〟変化かもしれませんが、ストレートを基準に考えると十分に〝大きい〟変化です。むしろ打者の手元で変化するのでピッチトンネルを形成しやすく、相手は対応しにくい。腕の振りの違いで見抜かれることもなく、ストレートとの錯覚を利用しやすい球種です。

　また、手首をひねることはしないので、ストレートに悪影響は出ません。肘に余計な負担がかからないこともメリットです。

　各球種とも〝強さ〟がほしいので、浅く握るのではなく、可能な範囲で深く握ってください。その方が変化し始めるポイントを打者の手元に近づけることができ、〝鋭い球〟になります。

・ストレート（フォーシーム）

　1本の縫い目に人差し指と中指をかけて握る。すべての球種にとって「基準」になる球で、いかにストレートを活かすかがピッチングの肝。〝強い球〟になるよう、投げたい方向に身体のベクトルを向けて思い切り投げることが大事。

・ツーシーム

　2本の縫い目に人差し指と中指をかけて握る。曲げよう、落とそうとするのではなく、ストレートと同じで〝強さ〟が欲しい球種。フォーシームより〝伸びない〟というイメージ。

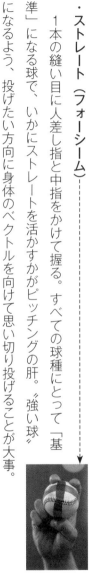

・カットボール

ストレートの握りから人差し指、中指をそれぞれ1本分、左にずらして握る。英語ではカットファストボール「Cut fastball」と言われ、ストレートと同じで〝強さ〟が欲しい球種。曲げようと意識するのではなく、回転軸をずらしてジャイロ成分を入れ、自然に曲がるというイメージ。

・スラッター

カットボールの握りから人差し指、中指をそれぞれ1本分、左にずらして握る。カットボールとスライダーの〝中間球〟として使い、相手打者に球種を見極めにくくする。カウント球にも見せ球にも使える。コースを狙いすぎると変化が緩く(大きく)なる場合があり、ストライクゾーンに投げればOK。理想はマックス・シャーザー投手(ワシントン・ナショナルズ)やルーカス・ジオリト投手(シカゴ・ホワイトソックス)のように〝強さ〟があるスラッター(スライダーと分類されることもある)。

・スライダー

スラッターの握りから人差し指、中指をそれぞれ1本分、左にずらして握

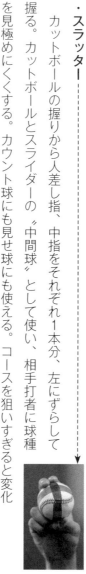

る。あるいは、スラッターと同じ握りでもいい。回転軸を上に傾け、ジャイロスピンよりサイドスピンの成分を増やすことで横方向に変化させる。肘をひねって曲げるのではなく、回転軸を傾けることで変化量を増やすというイメージ。

・チェンジアップ

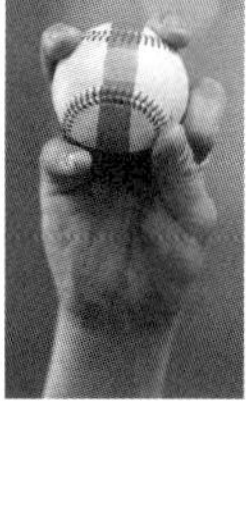

ストレートと〝錯覚〟させる球種がチェンジアップで、握り方はいくつかある。親指と人差し指で「OK」を作り、1本の縫い目に中指と薬指をかけて握るのがサークルチェンジ。中指を使うのが得意な人は、人差し指を外して中指と薬指を1本の縫い目にかけて握る。人差し指が得意な人は、人差し指と薬指を1本の縫い目にかけ、中指を浮かせて握る方法もある。軌道は途中までストレートと同じなので、打者は「まだ来ない」「落ちる」と感じてタイミングをずらされる。特に腕が低い投手の場合はシュート成分を活かしやすく、右投手なら左打者、左投手なら右打者に対して有効な球種。

・スプリット（フォーク）

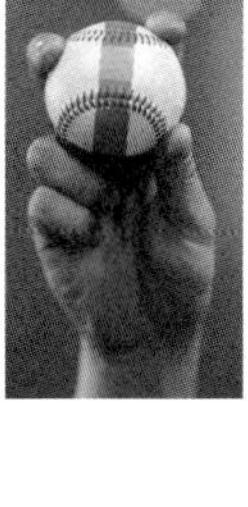

スプリットは英語で「split-fingered fastball」と言われるように、人差し指と中指を1本の縫い目上で別の方向にかけ、ファストボールを変化させ

る球種。「はさむ」「抜く」というイメージがあるかもしれないが、ファストボールのように〝強さ〟も欲しい球種。中指と薬指の間に〝抜け道〟を作ってあげるようなイメージ。どちらかの指でジャイロ回転がかかり、スピードもある中で落ちていく。チェンジアップとのコンビネーションで使えば効果的。

・ナックルカーブ

パワーカーブに含まれる球種。縫い目の山のやや内側に中指をしっかりかけ、人差し指を曲げて握る。人差し指を曲げることを意識しすぎると、中指がかかっていないケースがあるから注意。人差し指が曲がりにくい場合は軽く浮かせるか、置いておくだけでもいい。人差し指が〝使いにくい状態〟になっていればOK。一般的なカーブのように〝抜く〟というイメージではなく、中指が縫い目にかかることでスピンがかかり、速いスピードのまま打者の手元で落ちていく。名前や握り方から難度が高い球種に感じるかもしれないが、ストレートから握りを変えるだけなので一般的なカーブより習得しやすい。

【中級編】

ピッチトンネルを複数作ろう

ピッチトンネルを一つ作れるようになったら、次は複数のコースに形成できるようになりましょう。一つのコースばかりに投げていると、相手打者に対応されてしまうからです。

各バッターには得意、不得意なコースがあります。例えば外角高めに強い右打者に対し、外のピッチトンネルを使って投球を組み立てる一方では対応されかねません。そこで外角高めに加えて内角低めにもピッチトンネルを使えれば、打ち取る確率は高まります。

加えて有効なのは、ピッチトンネルから外れる球をうまく活かしていくこと。代表例が山岡投手の縦スライダーや山本投手（ともにオリックス）のカーブです。相手打者はピッチトンネルを通る球種にどうしても意識が強くなり、そこから外れる球は待ちにくい。だからピッチトンネルを形成できている投手にとって、その輪をあえて外

ピッチトンネルから外れる球

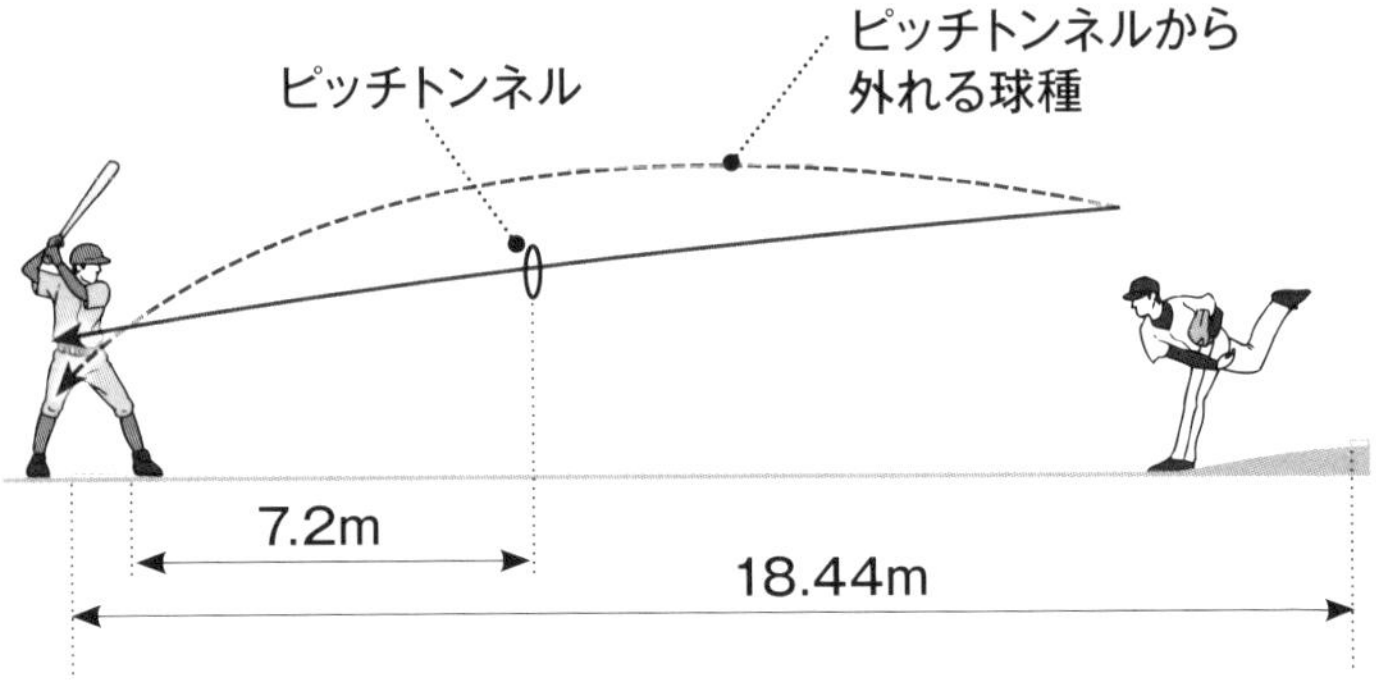

す変化球はストライクをとりやすく、カウントを有利にできます（上図参照）。

さらに、ボールからストライクゾーンに曲がる変化球も効果的です。外角のボールゾーンからストライクに入ってくる「バックドア」や、内角のボールゾーンから中にくる「フロントドア」と言われるものです。前者はカットボールやスライダー、スラーブ、パワーカーブ、後者はツーシームやシンカーなどです。

バックドアやフロントドアの変化球とストレートを組み合わせて使えば、配球の幅も増します。例えば右投手が右打者に対し、内角のボールゾーンにストレートを見せおいて、同じような軌道からスライダーを曲げる。相手打者はインサイドのストレートと錯覚し、思わずよけます。ところがそのボールはストライクゾーンに入ってくるので、カウントを稼ぐことができます。

この2球で相手打者は内角への意識が強くなり、次は外角を攻めやすい状況ができます。そこで外のストライクゾーンにカットボールを投げてみましょう。スライダーと同じジャイロ成分が含まれた球種なので、相手には2球目の残像があります。打者は「ボールになる」と思って振りにいくのをやめたら、スライダーほど曲がらずストライクになる。こんな攻め方をできるようになれば、〝勝てる投手〟に大きく近づいているはずです。

【上級編】

ピッチトンネルを外角低めに作ろう

複数のコースにピッチトンネルを作れるようになったら、上級編では「外角低め」

に形成できることを目指しましょう。これはかなりレベルの高い話です。

そもそも外角低めにピッチトンネルを作ろうとしたら、どんな球種を持っていればいいでしょうか。読み進める前に、少し考えてみてください。

カーブや緩いスライダーのように〝大きく〟変化する球種では、外角低めにピッチトンネルを作ることはできません。外角低めに通じるピッチトンネルにカーブや緩いスライダーを通過させれば、ホームベース上では外側に大きく外れてしまいます。それでは打者に見送られ、カウントが一つ不利になるだけです。

逆に外角低めにカーブを投げる場合、その高さに通じるピッチトンネルにストレートを通すと、大きく外れた〝クソボール〟になります。緩いカーブを使いたい投手は、中級編で説明したようにわざとピッチトンネルを外すような使い方がいいと思います。

外角低めにピッチトンネルを作るには、カットボールやスライダー、ツーシーム、チェンジアップなど〝小さく〟変化する球種を制球よく操れることが条件になります。強いストレートを軸にしながら、ストライクゾーンからボールに外れるカットボールやスライダーを振らせましょう。

２ストライクに追い込んだ後など、投手有利なカウントでストライクからボールになる変化球を投げると、打者は手を出さざるを得ません。ボールに逃げていく軌道なので、空振りを期待することができます。相手が左打者の場合、内角低めのピッチトンネルでストレートを見せておき、後ろ足に当たるような軌道のカットボールやスライダーを投げるのも有効です。

また、ジャイロ回転の軸を傾けることで変化の仕方が変わるという話をしましたが、これを利用してカットボールにバリエーションをつけていくのも効果的です。例えば「ライジングカッター」。右投手の場合、ジャイロ回転軸を左斜め上に向けて投げることで、ホップしながらカットていきます。打者にとっては〝吹き上がる〟ような軌道になり、特に左打者は対応しにくいでしょう。〝抜けカット〟とも言われ、山岡投手や唐川侑己投手（千葉ロッテマリーンズ）のように意図的に使っているプロ野球投手もいます。

複数のピッチトンネルを作れるようになった投手は、「シーム（縫い目）を合わせる」ことも意識してください。相手打者のレベルが上がると、ボールの縫い目を見分けて球種を判別してくるからです。だから投手も〝偽装〟する必要があります。

フォーシームを多く使う投手がチェンジアップを投げる場合、フォーシームと同じ縫い目で握る。逆にツーシームが得意な投手は、ツーシームと同様に握ってください。こうすれば、相手打者は見分けにくくなります。例えばフォーシームの後にツーシームの握りでチェンジアップを投げ、次にツーシームを投げるという組み立てをすれば、相手はかなり対応しにくいはずです。

パルススロー

パルススローは肘への負荷（ストレス）を計測できるウエアラブルデバイスです。「モータス」として知られていたものがアップデートされ、メジャーリーグや日本のプロ野球でも活用されています。

計測できるのは、アームストレス（肘への負担）、アームスロット（リリース角度）、アームスピード（肘を振るスピード）です。

右下の図表の高校生投手はアームスロットのバラつきが大きいですが、身体の柔軟

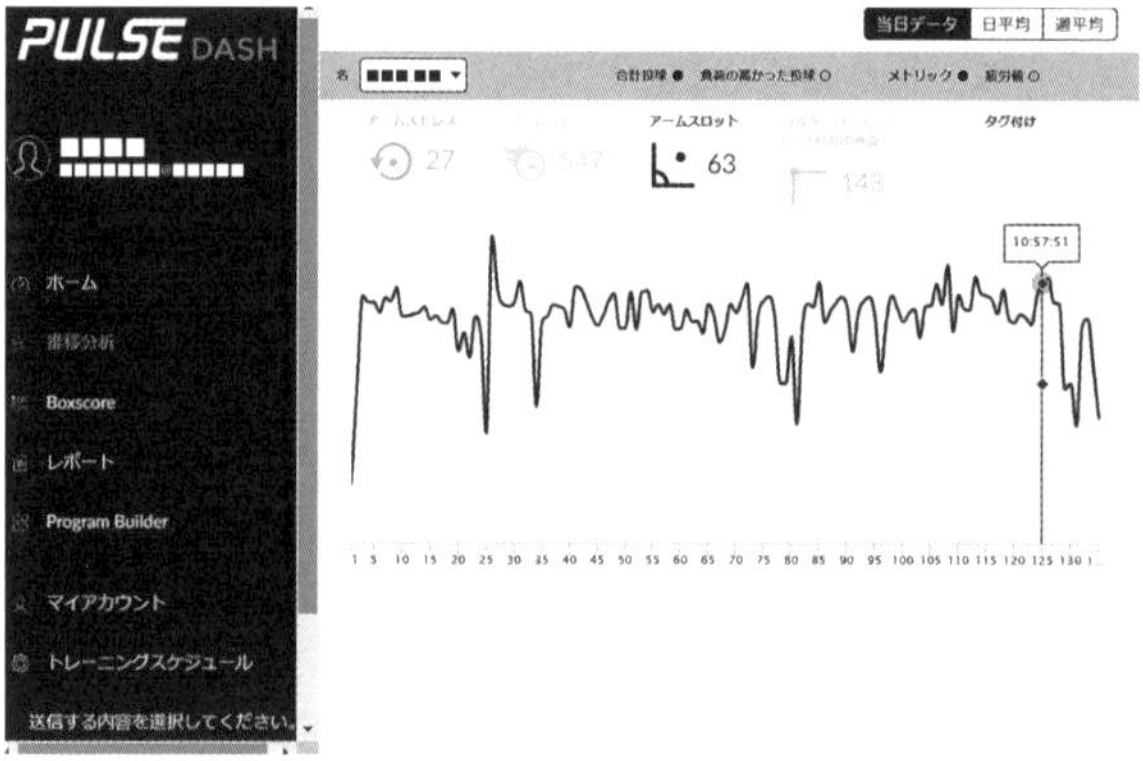

性が足りていないことが主因です。このまま練習や試合で球数を投げすぎると故障につながるリスクがあるので、球数管理に注意が必要です。

アームストレスは肘にどれくらい負荷がかかっているかを数値化したもので、故障予防に活用できます。例えば手首をひねってスライダーを投げると、ひねらないスライダーよりストレス値が上がります。肘へのストレスが強いと故障につながりやすいので、スライダーをひねらないで投げるように改良するか、封印するのも一手だと思います。

肘へのストレスは、ピッチングにも影響を及ぼします。1球でかかるストレス値が高い投手の場合、疲労やパフォーマンス低下が早く来るため、球数を多く投げられません。それなら先発ではなく、ショートイニングのリリーフで起用した方が活躍できる可能性があります。もちろん根本的には、ストレスが軽減されるような投げ方を探すことが必要です。

投球フォームの良し悪しや、球数管理は指導者の「感覚」でやることがほとんどでしたが、近年はパルススローのようなテクノロジーも出てきました。故障予防は投手にとって大前提になるので、うまく活用してパフォーマンスアップにつなげましょう。

高島誠直伝！

140km/hを目指すための トレーニングプログラム

本書で掲載されていない
トレーニングはコチラを参照！

本書掲載のトレーニングを組み合わせたプログラム。毎日、トレーニング&計測を行いながら、自身のパフォーマンスをレベルアップさせよう！

【トレーニングについて】

・1セット目はウォームアップとして行う。
・2〜4セット目はギリギリで10回上げられる重さを10回×3セット目安で行う。
・10回以上、できるようになったら重さを上げて8回から10回上げられる重さにする。
・あまりに少ない回数しかできない重さは、ケガのリスクがあるので行わない。
・導入期は、15回上げられる重さを2週間×10回×3セット行う。
・ウエイトは筋肥大目的で行い、瞬発系のトレーニングは瞬発力を高めることを目的として行う。
・野球では瞬発力の持久力も求められるため、瞬発系のトレーニングにおいても10〜15回あたりを目安にセットを組む。
・ピッチャーは1イニングに15球以上投げると被安打率が上がるケースが多い。ランナーが1、2人出ると20球を超えるケースも当然よくあり、そこで踏ん張れるためには瞬発力の持久的な力が必要になる。慣れてきて可能ならボックスのターンジャンプ、片足ジャンプは、左右を一気に行おう。
・ウエイトトレーニングは太枠線の中のメニューのうち、1つを選択して行う。瞬発系トレーニングは、太枠線の中のメニューのうち、2つを選択して行う。隔週でメニューを入れ替えてもOK。

DAY1 ウエイトトレーニング										
	1週目		2週目		3週目		4週目		5週目	
身長										
体重										
体脂肪率										
股割り										
ブリッジ										
スクワット										
外旋										
前足トップ・フォロースルー										
種目	回数	セット	回数	セット	回数	セット	回数	セット	回数	セット
ザーチャーズスクワット or フロントスクワット										
セーフティーバーワイドスクワット										
セーフティーバーバックランジ										
ワンハンドブルガリアンスクワット										
ベンチプレス										
ローテーションプッシュアップ										
ワンハンドケーブルロー										
ベントオーバーローイング										
懸垂										
指懸垂										
ペンタゴンバースクワット										
ペンタゴンバーアーチエクササイズ										
ペンタゴンバーアーチスクワット										
ペンタゴンバー片足アーチスクワット										

DAY2　身体操作トレーニング

	1週目		2週目		3週目		4週目		5週目	
身長										
体重										
体脂肪率										
股割り										
ブリッジ										
スクワット										
外旋										
前足トップ・フォロースルー										
種目	回数	セット	回数	セット	回数	セット	回数	セット	回数	セット
シャッフル										
サイドジャンプ										
股割りジャンプ										
カエルジャンプ										
スパイダー										
四つん這い横歩き										
ブリッジロール										
ロール										
逆立ち歩き										
ブリッジ歩き										
シャトルラン										
横走りシャトルラン										

DAY3　瞬発系トレーニング

	1週目		2週目		3週目		4週目		5週目	
身長										
体重										
体脂肪率										
股割り										
ブリッジ										
スクワット										
外旋										
前足トップ・フォロースルー										
種目	回数	セット	回数	セット	回数	セット	回数	セット	回数	セット
ボックスジャンプ　正面										
ボックスターンジャンプ										
ボックスジャンプ　片足										
MBスロー　オーバーヘッド										
MBスロー　サイドトス										
MBスロー　プッシュ										
プライオボールスロー正面										
プライオボールスロー牽制										
プライオボールスロー										
ペンタゴンバー　胸郭シュラッグ前後										
ペンタゴンバー　クリーン										
ペンタゴンバー　プッシュプレス										

DAY4　トレーニングオフ					
	1週目	2週目	3週目	4週目	5週目
身長					
体重					
体脂肪率					
股割り					
ブリッジ					
スクワット					
外旋					
前足トップ・フォロースルー					

DAY5　ウエイトトレーニング2										
	1週目		2週目		3週目		4週目		5週目	
身長										
体重										
体脂肪率										
股割り										
ブリッジ										
スクワット										
外旋										
前足トップ・フォロースルー										
種目	回数	セット	回数	セット	回数	セット	回数	セット	回数	セット
プッシュアップ										
ダンベルプレス										
ワンハンドダンベルローイング										
ラットプルダウン										
ヘックスバーデッドリフト										
オーペンタゴンバーバックランジ										
オーペンタゴンバーウォークランジ										
ベルトスクワット										
腹横筋・腹斜筋ドリル仰向け										
腹横筋・腹斜筋膝立ち										
腹横筋・腹斜筋ドリル立位										
トランポリンドリル										

バリエーショントレーニングのススメ

▶インターバル80秒

ここで紹介したプログラムをしっかりこなせるようになってきたら、以下のインターバルトレーニングも導入してみよう！

▶ルール

2人1組で行い、1人が20秒間トレーニング（もう1人が補助）→30秒間休憩を交互に繰り返す。

▶瞬発系マックプロトコル

[ボックスジャンプ] 正面／ターン／片足

[MBスロー] 正面／サイド／サイドプッシュ

[プライオボールスロー] 正面／正面ツイスト／正面ツイスト前足トップ

▶ウエイトトレーニング

[上半身] ベンチプレスローテーション／ペントオーバーローイング／吊り輪ローテーション懸垂

[ペンタゴンバー] オーバーヘッドスクワット／Vカラーアーチスクワット／クリーン

[下半身] ワイドスクワット／バックスクワット／デッドリフト

▶マックプロトコル身体操作

[パルクールとフットワーク・ランニング]

パルクールスクワット／パルクールターンジャンプ／パルクール片足サイドステップジャンプ／パルクールスプリットスクワット／ホッピング／パルクールサイドステップジャンプ／パルクールシングルレッグスクワット／カンガルージャンプ／パルクール片足ジャンプ

DAY6　身体操作トレーニング2										
	1週目		2週目		3週目		4週目		5週目	
身長										
体重										
体脂肪率										
股割り										
ブリッジ										
スクワット										
外旋										
前足トップ・フォロースルー										
種目	回数	セット	回数	セット	回数	セット	回数	セット	回数	セット
パルクールスクワット										
5m5m10mのシャトルラン（坂道）										
パルクールターンジャンプ										
坂道T字ラン										
パルクールサイドステップジャンプ										
サークルラン										
パルクールスプリットスクワット										
坂道ホッピング										
パルクール片足サイドステップジャンプ										
坂道連続ハードルハイジャンプ										
パルクールシングルレッグスクワット										
坂道カンガルージャンプ										

DAY7　瞬発系トレーニング2										
	1週目		2週目		3週目		4週目		5週目	
身長										
体重										
体脂肪率										
股割り										
ブリッジ										
スクワット										
外旋										
前足トップ・フォロースルー										
種目	回数	セット	回数	セット	回数	セット	回数	セット	回数	セット
ボックスジャンプ　正面										
ボックスターンジャンプ										
ボックスジャンプ　片足										
MBスロー　オーバーヘッド										
MBスロー　サイドトス										
MBスロー　プッシュ										
ペンタゴンバー　胸郭シュラッグ										
ペンタゴンバー　クリーン										
ペンタゴンバー　プッシュプレス										

おわりに

本書の最後に伝えたいのは、「１４０㎞/hは通過点」だということです。

もともと球速が遅かった投手の場合、１４０㎞/hを計測すると満足してしまうことがありますが、野球がもっと楽しくなるのは１４０㎞/hを超えてからです。高校３年時点で１４０㎞/hを超えていれば、「大学でもう少し頑張ってみよう」と上の世界を目指せます。大学４年時に１４０㎞/h台後半以上をマークしていれば、その時点でドラフト指名されなかったとしても、プロになるチャンスをあきらめなくて済みます。

本来なら１４０㎞/hを投げられる素材であるにもかかわらず、「自分にはセンスがない」とあきらめてしまう投手を数多く見てきました。〝野球の基本〟が合わなかったケースや、練習で消耗しすぎて身体的に成長し切れなかった場合もあります。

一方、全国で球速をアップさせる投手が増えています。本書で説明してきたように、日々コツコツとトレーニングを続けていけば、誰でも瞬発力を高められるからです。

６章ではラプソードの使い方を紹介しましたが、データ解析や活用が進んでいるのも球速アップの要因です。私自身、バイオメカニクスなどを研究されている神事努先生やピッチングデザイナーのお股ニキさんが発信する情報を参考にさせてもらっています。

過去を振り返ると、高校生年代で１６０㎞／hをマークした日本人投手は３人しかいません。元シアトル・マリナーズのマック鈴木さん、ロサンゼルス・エンゼルスの大谷翔平投手、そしてロッテの佐々木朗希投手です。

対して、アメリカには学生時代に１６０㎞／hを計測する投手がゴロゴロいます。「アメリカ人だからでしょ？」と思われがちですが、プロ野球ではその領域に到達する日本人投手が増えています。様々な情報を自分で得られる時代になり、近い将来、日本でも１６０㎞／hを投げるアマチュア投手が当たり前の時代になるはずです。

そうした時が少しでも早く訪れることを願い、本書を出版させてもらいました。高い目標を持ち、みんなで切磋琢磨しながらレベルアップを目指していきましょう。

２０２１年8月　高島誠

著者紹介

高島 誠（たかしま・まこと）

Mac's Trainer Room代表。広島商、四国医療専門学校を経て2001年からはオリックス・ブルーウェーブ（現オリックス・バファローズ）、2005年からはワシントン・ナショナルズでインターンシップトレーナーを務める。2007年に正式採用。

2008年 Mac's Trainer Roomを開業。現在はNPBトップ選手だけでなく、小中高生や大学生、社会人まで幅広くアスリートのサポートを行っている。

Twitter @littlemac0042
Instagram @littlemac0042
YouTube Mac's Trainer Room
野球トレーニング専門チャンネル

実技モデル

赤沼淳平（あかぬま・じゅんぺい）

立命館高校を卒業後、カリフォルニア州・デザート短大に入学。3年時にテネシー州・リー大学に編入し、現在は独立リーグでMLBを目指しながらプレーを続けている。

Twitter @J_A_64

STAFF

構成 中島大輔
装丁・本文デザイン 田中宏幸（田中図案室）
イラスト BIKKE
パルクール指導／実技モデル 荒本英世
撮影 西田泰輔
Special Thanks
坂梨広幸（野球オーストリア代表監督）
岡嵜雄介（武田高校野球部監督）
編集 花田雪

革新的投球《かくしんてきとうきゅう》パフォーマンス

～普通《ふつう》の高校生《こうこうせい》でも毎日《まいにち》50分《ぶん》の練習《れんしゅう》で140㎞/hを投《な》げられる～

2021年 9 月10日　第1刷発行
2024年 2 月10日　第5刷発行

著　者　高島誠
発行者　吉田芳史
印刷所　株式会社 光邦
製本所　株式会社 光邦
発行所　株式会社 日本文芸社
〒100-0003 東京都千代田区一ツ橋1-1-1 パレスサイドビル８F
TEL 03-5224-6460（代表）

内容に関する問い合わせは、小社ウェブサイトお問い合わせフォームまでお願いいたします。
URL https://www.nihonbungeisha.co.jp/

Printed in Japan 112210824-112240129Ⓝ05 (210085)
ISBN978-4-537-21918-0
編集担当 岩田裕介